Lutz Müller

Der Held – Jeder ist dazu geboren

Die universale Heldenreise als Prozess der Selbst-Erfahrung

Bibliografische Information der Deutschen Nationalbibliothek
Die Deutsche Nationalbibliothek verzeichnet diese Publikation in der
Deutschen Nationalbibliografie; detaillierte bibliografische Daten sind
im Internet über http://dnb.d-nb.de abrufbar.
© 2013 by opus magnum, Stuttgart (www.opus-magnum.de)
Erstmals erschienen 1989 im Kreuz-Verlag Stuttgart
Version 2.01 (zweite überarbeitete und erweiterte Auflage)
Umschlaggestaltung, Grafik und Layout: Dr. Lutz Müller
Das Zitat auf der Rückseite des Buches stammt von Friedrich Schiller
(„An die Freude")
Herstellung: Book on Demand GmbH., Norderstedt
Alle Rechte vorbehalten.
ISBN: 978-3-939322-64-1

Lutz Müller

Der Held –
Jeder ist dazu geboren

Die universale Heldenreise als Prozess der Selbst-Erfahrung

opus magnum

Inhalt

Der Held: Faszination und Gefahr

Ich bin in einer unbekannten gebirgigen Gegend. Ich stehe auf der obersten Stufe einer in unendliche Tiefe führenden Treppe. Ich trage ein weißes, weites Gewand. Vorher muss ich irgendwie gewaschen, gereinigt worden sein. Neben mir steht eine ebenfalls weiß gekleidete Frau, die mich nach unten begleiten wird. Ich soll hingerichtet werden. Ich bin erst wie erstarrt, weine einen Augenblick verzweifelt, fasse mich dann und frage mich hilflos, wie ich diesen Weg wohl gehen soll. Die Frau erzählt, dass ich geköpft und zerstückelt werde. Ich habe dabei das Bild vor Augen, wie diese zerstückelten Teile von mir auseinander und wieder zusammen streben, so als würden sie von einem zentralen Punkt aus angezogen. Dann gehe ich den Weg, von dem ich den Eindruck habe, dass ihn schon viele andere Menschen vor mir gegangen sind.

Das ist der Traum einer dreißigjährigen Frau aus der Anfangsphase ihres Selbstfindungsprozesses. Der Weg, von dem sie im Traum den Eindruck hat, dass ihn schon viele vor ihr gegangen sind, ist jener uralte Weg, den die Menschen schon immer gehen mussten, wenn sie sich und ihre Welt verändern wollten. Es ist der Weg der Individuation und des schöpferischen Lebens, es ist der Weg der Wandlung, der durch den Tod zu neuem Leben führt, es ist der Weg des Helden und der Heldin.

Das Drama des heroischen Menschen, der den Mut hat, allen Widerständen und Ängsten zum Trotz, Gefahren zu bewältigen, in bisher unbekannte Bereiche vorzudringen und neue Erkenntnisse zu gewinnen, hat die Menschen aller Kulturen und aller Zeiten fasziniert wie kaum ein zweites Thema. Ob in den alten Mythen, Sagen und Märchen, ob in der Literatur und den Filmen der Gegenwart, in der Religion, der bildenden Kunst, der Geschichte, der Politik, der Wissenschaft, der Wirtschaft, dem Sport: Immer steht der Mensch

Abb. 1: Die Pflanze als Lehrmeister. „Suchst Du das Höchste, das Größte? Die Pflanze kann es dich lehren!" (F. Schiller)

im Mittelpunkt, der „es wagt", der das Neue, Außergewöhnliche tut und es dabei riskiert, bis an die äußersten Grenzen zu gehen und sie zu überschreiten. Offenbar bilden sich in ihm die großen Hoffnungen und tiefen Sehnsüchte der Menschheit ab.

Das heroische Prinzip findet sich aber nicht nur im Menschen, sondern auch in der Tier- und Pflanzenwelt bis weit zurück in die frühesten Anfänge der Evolution. Friedrich Schiller fragt: „Suchst du das Höchste, das Größte? Die Pflanze kann es dich lehren. Was sie willenlos ist, sei du es wollend – das ist's!"[1]

Dieses Zitat von Friedrich Schiller drückt die Essenz des Heroischen auf einfachste Weise aus. Was jede Pflanze, jeder kleinste Grashalm tun, wenn sie sich mit großer Geduld und Hartnäckigkeit durch die Erde ans Licht brechen, wenn sie mit allen zur Verfügung stehenden Mitteln ihre individuelle Eigen- und Einzigartigkeit zum Ausdruck und zur Verwirklichung bringen, darum geht es hier.

Das Heroische im besten Sinne ist die vorantreibende, schöpferische Lebensenergie in uns, die sich verwirklichen will, diejenige Kraft, die bereit ist, den „Kampf ums Dasein" aufzunehmen. Diese Kraft finden wir überall – zumindestens symbolisch angedeutet – im Universum und in der Natur, schon im „Urknall", der Explosion und Expansion des Universums, im Such- und Neugierverhalten, Rivalitäts-, Imponier- und Paarungsverhalten der Tiere und Menschen, in unserem Körper, der in einem dauernden Kampf mit Krankheitserregern und schädlichen Stoffen liegt und sein Lebendigsein bewahren möchte.

Unsere erste heroische Tat, unser erster und größter und alles entscheidender „Heldenkampf" ist unser Wettlauf gegen Millionen anderer Spermien gewesen. „Wir" haben vor all diesen vielen anderen Spermien unser Ziel erreicht, wir wurden von der weiblichen Eizelle (die selbst eine von vielen „Auserwählten" aus der ursprünglichen Vielzahl vieler konkurrierender Eizellen ist) „auserkoren", wir konnten mit ihr das „Mysterium coniunctionis", das Geheimnis der Vereinigung der Gegensätze feiern.

Alle, die wir dies geschafft haben, sind in gewissem Sinne Helden und Heldinnen, wir haben „bewiesen", dass wir uns gegen eine übermächtige Konkurrenz durchsetzen konnten. Wir alle sind „winner". Auch die Geburt selbst ist eine geradezu klassische heroische Stirb-und-Werde-Situation, sowohl für die Mutter als auch für das Kind, ein Heldenkampf aus dem bergenden, umhüllenden Gefängnis in die Freiheit, durch die Dunkelheit zum Licht. Und dann geht es erst recht heroisch weiter: Wir sind von allem Anfang an Wesen, die sich selbst nicht kennen und in eine unbekannte Welt hineingeboren werden. In unseren Genen tragen wir zwar die Essenz des ganzen Universums und des ganzen evolutionären Prozess, aber wir wissen nichts von unserer kosmischen Herkunft und Vergangenheit. Wir sind fast wie „Aliens", Fremde aus dem Universum, die irgendwie auf dieser Erde gestrandet sind, nicht wissend woher wir kommen und wohin wir gehen.

Im Heranwachsen müssen wir unzählige weitere heroische Leistungen vollbringen, unzählige Drachenkämpfe durchstehen. Wir müssen uns orientieren, bewegen, stehen, laufen lernen, wollen, trotzen, rivalisieren, kämpfen, aggressiv sein, erforschen, erobern, begehren, lernen, leisten, Rückschläge und Niederlagen erleiden, Angst, Scham und Schmerz aushalten, Prüfungen bestehen, erfolgreich sein, uns selbst behaupten. Wir fühlen uns dabei oft einsam, unverstanden und fremden Mächten hilflos ausgeliefert. Überall müssen wir die Unsicherheit und das Risiko des Lebens letztlich alleine tragen und dabei haben wir immer unseren Tod vor Augen. Wie könnten wir das alles, wenn es nicht die Kraft des Helden und der Heldin in uns gäbe, die uns Hoffnung, Zuversicht und Trost vermitteln?

So ist das ganze Leben im Grunde eine kontinuierliche Heldenreise. Der Weg des Helden und die mit ihm verbundenen Ereignisse und Symbole sind uns eben deshalb so vertraut, weil sie das instinktiv von uns gewusste oder erahnte Muster des „richtigen und guten" Lebensweges darstellen. Wir spüren es sehr deutlich und empfinden es als unbefriedigend, wenn uns eine Erzählung oder ein Film wesentliche Elemente des Heldenweges vorenthält. Beispielsweise haben wir meist große Schwierigkeiten damit, wenn die Hauptperson eines Stückes ein „Looser", ein Verlierer, ist, der seine Aufgabe nicht erfüllt und scheitert. Noch schlimmer wird es, wenn der Held nicht das Wahre, Gute und Schöne vertritt, die Freiheit und die Gerechtigkeit, sondern die Täuschung, das Böse und Hässliche, oder wenn er sich am Ende als ein Übeltäter entpuppt.

Unzufrieden sind wir auch, wenn der Held am Ende nicht die Erfüllung seiner Aufgabe erlebt – und sei es wenigstens im Sterben –, wenn er nicht seine Heldin bekommt oder nicht zumindest eine gewisse Hoffnung bleibt, dass sie sich finden werden. Das Ziel der Heldenreise ist immer auch die Erweiterung der Persönlichkeit, die Vereinigung mit dem anderen Geschlecht und das hoffnungsvolle Weiterleben des „Wahren, Guten und Schönen", oft symbolisiert in dem aus der Vereinigung entstehenden Kind oder dem hinterlassenen schöpferischen Werk.

Der positive Held fasziniert uns also so sehr, weil er die Wunsch- und Idealgestalt des guten, erfolgreichen Menschen schlechthin verkörpert. Er vertritt unsere ureigenste Sache, und deshalb identifizieren wir uns oft gern und leidenschaftlich mit ihm. In seinen Ängsten, Krisen und Gefahren, seinen Kämpfen, Siegen und Niederlagen, in seinem Ringen ums Überleben finden wir uns wieder. Er ist uns Trost in schweren Zeiten und macht uns Hoffnung, dass wir es dennoch schaffen können, dass wir nicht einem blinden Schicksal ausgeliefert sind, auch wenn alles noch so aussichtslos erscheint.

Auch dient er uns als Vorbild. Meist lebt er uns reifere menschliche Werte und Tugenden vor, wie zum Beispiel Zivilcourage, Toleranz, Gerechtigkeit und uneigennütziges gesellschaftliches Engagement und erfüllt auf diese Weise eine sehr wichtige soziale Aufgabe. Unsere Identifizierung mit ihm ermutigt uns, diese Werte auch dann aufrecht zu erhalten, wenn wir keine Hoffnung mehr sehen und am liebsten resignieren möchten.

Vor einiger Zeit sah ich einen jungen Helden auf der Straße „vorüberreiten". Ein etwa zehnjähriger Junge jagte freihändig auf seinem Fahrrad den Bürgersteig entlang und machte reitende Bewegungen auf seinem Sattel. In der linken Hand hielt er einen imaginären Schild und mit der rechten schlug er mit einem imaginären Schwert – vermutlich hat es sich dabei um eines jener wunderbaren Zauberschwerter gehandelt, die unbesiegbar machen – erbittert auf einen ebenso imaginären Gegner ein. Dazu machte er entsprechende Kampfgeräusche, die das Klirren der Schwerter, das Kraftgestöhne und die Schmerzenslaute nachahmten. Er war so sehr in seinen heroischen Kampf verstrickt, dass er die anderen Menschen um sich herum nicht wahrnahm.

Als ich ihn so sah, musste ich lachen. Er erinnerte mich an meine unzähligen gespielten und fantasierten Heldenschlachten, die ich in meiner Kindheit und Jugend und auch heute noch, wenn auch in sublimierter Form, durchfochten hatte: Wie ich jeweils in letzter Minute, von Fanfarenklängen und blendendem Licht umgeben, auf dem Kampfplatz erschienen war, dank meiner alles überragenden Fähigkeiten und Kräfte das Blatt noch zum Guten gewendet hatte und der Jubel der Menschen keine Grenzen kannte. Ich weiß auch, wie sehr ich diese Heldenkämpfe nötig hatte, wie sehr ich sie brauchte, um meine Unsicherheiten und Ängste zu überwinden, meine Kränkungen und Demütigungen auszuhalten und meine Wut abzureagieren. Hätte es das Bild des heroischen Siegers nicht schon gegeben, ich hätte es erfinden müssen.

Der Held im besten Sinne repräsentiert den vorbildlichen schöpferischen Menschen, der den Mut hat, sich selbst, seinen Wünschen, Fantasien und eigenen Wertvorstellungen treu zu sein. Er wagt es, das Leben zu leben, anstatt vor ihm zu fliehen. Er überwindet die tiefsitzende Angst vor dem Fremden, Unbekannten und Neuen. Er schlägt Wege ein, die wir einerseits fürchten, andererseits insgeheim aber auch gerne gehen würden: Wege in verborgene, verbotene, schwer zugängliche Seinsbereiche, handele es sich dabei um fremde Länder oder ferne Galaxien, um unverstandene Naturvorgänge oder um die Dunkelheit unserer Seele. Indem er sich weder von den Warnungen der anderen Menschen, noch von seinen eigenen Ängsten und Schuldgefühlen von seinem Vorhaben abbringen lässt, offen und lernbereit ist, Konflikte, Frustrationen, Einsamkeit und Ablehnung auszuhalten vermag, gewinnt er neue Einsichten und vollzieht Handlungen, die nicht nur für ihn, sondern auch für die Gesellschaft von verändernder Kraft sind. Er stellt grundlegende Eigenschaften dar, die wir zur Lebensbewältigung und der schöpferischen Auseinandersetzung mit unserem Dasein benötigen. Sein Weg ist der Weg der Selbstverwirklichung.

Warum aber erscheinen uns der Held und das Heldenhafte andererseits auch sehr suspekt? Bertolt Brecht lässt seinen Galileo Galilei auf den verzweifelten Ausruf seines Schülers Andrea: „Unglücklich das Land, das keine Helden hat!" skeptisch antworten: „Unglücklich das Land, das Helden nötig hat." Wie berechtigt dieser Skeptizismus Brechts ist, haben wir in der Menschheitsgeschichte oft genug erfahren, nämlich immer dann, wenn sich der Schatten des Heroisch-Übermenschlichen als blinder Größenwahn und missionarischer Eifer, als Unterdrückungs- und Machtgier, als Massenwahn und als Intoleranz, Grausamkeit und Gewalttätigkeit über Völker, Kulturen und die Erde legt und legte.

Viele sogenannte „Helden" vergangener Jahrhunderte und der Gegenwart sind wirklich nicht sehr überzeugend. Was sind das für Helden, die begeistert und freiwillig an den Massakern der vielen Kriege teilnahmen und immer noch teilnehmen; was sind das für Helden, die sich für religiöse Hass- und Wahnvorstellungen selbst und andere in die Luft sprengen; was sind das für sportliche Heroen, die für bessere Leistungen, die sich nur noch in Sekundenbruchteilen und Zentimetern messen lassen, bereit sind, sich und ihren Körper zu ruinieren; was sind das für Pioniere, die in Meere und Urwälder vordringen, um die Erde auszubeuten und die Umwelt rücksichtslos zerstören? Auch wenn es selbst in diesen Fällen einige durchaus edle und positive heroische Züge geben mag: solchen „Helden" fehlt oft eine entscheidende Fähigkeit, die den positiven Helden auszeichnet: eine über das kollektive Denken hinausgehende Freiheit und Autonomie des Denkens und Handelns zum Wohle des Ganzen.

Ob wir ohne das Vorbild des positiven heroischen Menschen auskommen können? Wo tragende, konstruktive Leitbilder abhanden kommen, machen sich oft Resignation, Sinnlosigkeit und Anarchismus breit. Politiker und Kirchenleute betonen zwar immer die Notwendigkeit neuer Lebenswerte, sind aber selbst kaum in der Lage, sie überzeugend zu formulieren, geschweige denn, sie vorzuleben. Meist verweisen sie lediglich auf Schlagworte wie Leistung und Erfolg, Fortschritt und Wachstum, Toleranz, Friede und Gerechtigkeit, die aber fragwürdig erscheinen, wenn wir uns vor Augen halten, auf welch widersinnige Weise sie realisiert werden und wie wenig sie sich selber daran halten.

Wenn wir nun nicht länger auf den neuen Helden warten wollen, der uns die Rettung für unsere individuellen und kollektiven Probleme bringt, dann können wir versuchen, uns unserem eigenen inneren Helden zuzuwenden und ihm unsere Lebensorientierung anzuvertrauen. Die alten und neuen großen Erzählungen der Menschheit können dabei als erste Orientierung dienen, den Helden, zu dem wir geboren sind, zu entdecken und zu verwirklichen.

Aber auch unsere Träume, Fantasien und Sehnsüchte führen uns zu ihm. In ihnen erleben wir die gleichen Heldenbilder und -symbole, die auch schon die Menschen frühester Zeiten erfahren und gestaltet haben.

Die Bild- und Symbolsprache ist offenbar eine zeitlose Ur- und Universalsprache der Menschheit. Der Abstieg in die dunkle Tiefe zum Beispiel, um den es im anfangs wiedergegebenen Traum geht, ist eines der ältesten Helden- und Wandlungsmotive. In unzähligen Mythen und Märchen muss der Held oder die Heldin die Unterwelt oder das Reich der Toten aufsuchen, um eine wichtige Aufgabe zu lösen und einen neuen Lebenswert zu gewinnen. So wird schon vor mehr als viertausend Jahren von der babylonischen Göttin Ischtar berichtet, wie sie in die Hölle hinabsteigt, um ihren Sohn und Geliebten Tammuz zu finden, wie sie dort unten selbst den Tod erleidet, nach drei Tagen neu belebt wird und dann wieder zur Oberwelt aufsteigt.

Sicherlich bedeutete dieses Mythologem dem damaligen Menschen etwas anderes als das obige Traumbild einer modernen Frau, aber hinter der äußeren kultur- und sozialgeschichtlichen Verschiedenartigkeit ist doch die einheitliche menschliche Grunderfahrung wahrzunehmen, nach der Reifungs- und Veränderungsvorgänge mit dem Erleben von Sterben und Tod verbunden sind. Dieses „Stirb und Werde" scheint für all die verschiedenen Ebenen der menschlichen Existenz und Welterfahrung gültig zu sein.

Für uns moderne Menschen bedeutet es häufig den Prozess der Individuation, bei dem wir uns auf unsere eigenen unbekannten see-

Abb. 2: Nachtmeerfahrt. Dieses Gemälde von E. Delacroix (1822, Paris, Louvre) zeigt den Dichter Dante unter der ruhigen Führung seines Begleiters Virgil. Es ist Nacht, der Fährmann Phlegias steuert die beiden Dichter über den Fluss der Verdammten zur Höllenstadt Dis, die links am Horizont auftaucht. Rundherum klammern sich die Verdammten verzweifelt am Boot an oder versuchen hineinzuklettern. Eine solche Unterweltsfahrt symbolisiert nicht nur die Auseinandersetzung mit der Abgründigkeit, Dunkelheit, Absurdität und dem Leid der Existenz, sondern auch die Begegnung mit den eigenen unbewussten Trieb-Schatenaspekten, die verzweifelt versuchen, von uns angenommen und in unser Leben hineingenommen zu werden.

lischen Tiefen einlassen, auf das, was wir im Innersten wirklich fühlen, denken und wollen, auf unsere innere Wahrheit und Wirklichkeit. Wenn wir das leidenschaftlich und engagiert tun, dann werden wir den „Tod" alter, unfruchtbarer Einstellungen, Werte, Anpassungshaltungen erfahren und nach einem Neuordnungsprozess mit einer gesünderen Haltung uns selbst und dem Leben gegenüber wieder zurückkehren.

In dem eingangs geschilderten Traum wird die Auflösung einiger nicht mehr tragfähiger Persönlichkeitsstrukturen durch das uns sehr grausam erscheinende Motiv der Köpfung und Zerstückelung dargestellt. Dieses Motiv, das in anderen Zusammenhängen auf einen bedrohlichen Identitätsverlust hinweisen könnte, ist hier doch auch sehr ermutigend, weil es in einem rituellen Vollzug wie eine Initiation erscheint. Die Träumerin ist geschützt durch das Ritual die Waschung und Reinigung, durch die Begleitung der weißen Frau und durch den Hinweis, dass diesen Weg schon viele Menschen gehen mussten.

Das alles weist darauf hin, dass es sich hierbei für die Träumerin weniger um einen krankhaften Vorgang als vielmehr um einen sehr notwendigen Wandlungsprozess handelt. Sehr bedeutsam ist auch, dass die Auflösung und Wiederzusammenfügung ihrer Persönlichkeit von einem anordnenden inneren Zentrum aus gesteuert wird. Es handelt sich dabei vermutlich um jenen regulierenden, schöpferischen Faktor unseres Organismus, den C. G. Jung das Selbst genannt hat. Damit deutet sich an, dass unser individuell begangener Heldenweg nicht nur zur Erfahrung unseres „wahren" Selbst als unserer Wesensmitte führt, sondern zugleich auch vom Selbst gefordert und gelenkt wird.

Aus diesem und vielen anderen Träumen wird auch deutlich, dass der Heldenweg nicht etwas typisch Männliches ist oder den Männern vorbehalten bliebe. Zwar sind vieler unserer typischen klassischen Heldengestalten männlichen Geschlechts, was auch – aber sicher nicht nur – mit der Einseitigkeit unserer patriarchalen Kultur zusammenhängt, aber die mit der Selbstfindung und dem schöpferischen Leben verbundenen Aufgaben und Probleme sind in gleicher oder zumindest ähnlicher Weise für den Mann wie für die Frau gültig. In dem Maße, in dem Mann und Frau über ihre biologischen Funktionen und Aufgaben hinauswachsen, verwischen sich die Unterschiede, und die Gemeinsamkeiten treten deutlicher zu Tage. Dies gilt ganz besonders für den kulturell-geistigen Bereich und den Individuationsweg. Um das zu zeigen, wird in den folgenden Kapiteln versucht, das Übergewicht des Männlichen in den klassischen Heldenmythen durch eine Mehrzahl von Frauenbildern und -träumen auszugleichen, die deutlich machen, dass nicht nur jeder Mann, sondern auch jede Frau für den Heldenweg geboren ist und zwar jeder und jede auf und seine und ihre individuelle einzigartige Art und Weise.

Die Berufung,
der Auftrag, das Widerstreben

Besondere Fertigkeiten
Waffen, Tiere

Der Weg,
die Anfangsabenteuer

Besondere Lehrmeister

Der Schattenbruder

Die Widersacher,
die Hadesfahrt

Frühe Begabung,
bedrohte Kindheit

Ungewöhnliche Empfängnis,
Schwangerschaft und Geburt

Der Kampf
auf Leben und Tod

Der Sieg, die Erlösung

Abb. 3: Die universale Heldenreise. Um das Yin-Yang-Symbol herum kreisförmig angeordnet finden sich die verschiedenen Stadien des arttypischen Heldenweges, wie er von verschiedenen Autoren zusammenfassend dargestellt wurde. Psychologisch lässt sich das helle Yang-Segment als die bewusstseinsnäheren und das schwarze Yin-Element als die unbewussteren Erfahrungsdimensionen interpretieren. Nachdem der Held oder die Heldin nach bedrohter Kindheit und intensiver Übung in der Jugend eine ausreichende bewusste Persönlichkeitsstabilität erreicht haben, werden sie durch ihre Be-Rufung in unbekannte und bedrohliche Lebensbereiche geführt („Nachtmeerfahrt") und müssen sich neuen, unbekannten, meist sehr gefährlichen Aspekten des Lebens stellen. Hilfe erhalten sie von Begleitpersonen und Begleittieren. Auf dem Höhepunkt der Krise, dem Kampf mit dem Widersacher und in der größten Todesnähe kommt es dann – wenn es gut geht – zur Lösung, zur Wende, zum Sieg und und Wiederauferstehung. Die Gefahr ist überwunden, ein neuer Tag bricht an, Zukunftsperspektiven eröffnen sich, Held und Heldin finden sich, zeugen neues Leben. Ein weiterer Kreislauf kann beginnen. Dieses Wandlungsmuster lässt sich nicht nur mit dem klassischen Drama, sondern auch mit allen schöpferischen Prozessen in Verbindung bringen (vgl. dazu insbesondere auch Müller, L., Magie, 2013).

Der Weg ist das Ziel:
Universale Aspekte des Heldenweges

Bevor wir nun einzelne Helden bei ihren Abenteuern begleiten und uns fragen, was ihre Taten für den Selbstverwirklichungsprozess symbolisch bedeuten können, halten wir für einen Moment inne und denken an unsere Lieblingsheldengeschichte. Vergleichen wir dann das Schicksal und den Weg unseres persönlichen „Lieblings"-Helden mit der folgenden Beschreibung der typischen Etappen einer Heldenfahrt. Wir werden dann leicht sehen, dass auch unsere Lieblingsgeschichte viele Ähnlichkeiten mit den allgemein-universalen Phasen des Heldenweges aufweist.

- Der Held hat meist göttliche oder königliche und normalmenschliche Eltern zugleich. Zeugung, Schwangerschaft, Geburt und frühe Kindheit stehen unter großer Belastung. Manchmal sind die Eltern zunächst unfruchtbar, manchmal ist er von Anfang an unerwünscht, seine Geburt muss an heimlichem Ort stattfinden, er soll getötet werden und wird ausgesetzt. Einerseits ist er königlich-göttlicher Herkunft, andererseits erlebt er das Leid des ausgestoßenen, verlassenen Kindes, dessen wahre Natur zunächst nicht erkannt wird. Er ist mächtig und hilflos zugleich.
- Er wird von Adoptiveltern oder Tieren aufgezogen.
- In seiner Jugend offenbart er aber schon bald besondere Kräfte, Fähigkeiten und Talente.
- Besondere Lehrmeister, die manchmal erst an verborgenen Orten aufgesucht werden müssen, helfen ihm, seine Fertigkeiten und Kenntnisse zu vervollkommnen.
- Er erwirbt seine persönlichen Waffen, die meist von besonderer Qualität und Herkunft sind.

- Häufig findet er auch ein treues Begleittier, meist Pferd, Hund oder Vogel, das sich durch Klugheit, Instinktsicherheit und Kraft auszeichnet.

- Sehr oft begegnet der Held an dieser oder an späterer Stelle weiteren hilfreichen Gestalten, die ihn begleiten oder zur Heldentat ermutigen: seiner zukünftigen Partnerin/ Partner, einem „Schattenbruder", der oft zum Heroischen in besonderem Kontrast steht: ein närrischer Begleiter, ein Freek, ein Gauner, ein Trickster, eine zwielichtige Gestalt, ein „Gestaltwandler", ein Freund. Oft wird er auch von einem Tier, einem Pferd, Hund oder Vogel begleitet.

- Der Held bekommt den Auftrag oder die Berufung zur Heldenfahrt. Nach anfänglichen Widerständen, die sich in eigener Angst, Unlust oder in der Warnung durch andere Menschen zeigen, macht er sich allein oder mit seinen Begleitern auf den Weg.

- Bis es zu dem eigentlichen Hauptkampf kommt, muss er eine Reihe von Nebenabenteuern bestehen, die ihn manchmal von seinem Ziel wegführen, manchmal auch notwendig sind, damit er sein Ziel erreichen kann.

- Der eigentliche und entscheidende Heldenkampf führt ihn über eine Schwelle in unbekannte, fremde Bereiche. Es kann sich um einen verborgenen, schwer zugänglichen Ort handeln, wo eine unheimliche, bedrohliche Macht wirkt, zum Beispiel ein drachenartiges Ungeheuer, ein gefährlicher, machtbesessener Feind oder auch der Tod.

- Nach hartem, fast tödlichem Kampf vermag der Held diese feindliche Macht zu überwinden und die „Welt zu retten."

- Danach gewinnt er einen „Schatz" (Gold, Reichtum, Königreich, Erkenntnis, Berühmtheit) und eine Partnerin/ Partner (Jungfrau, Held, Prinzessin, Prinz), mit der er sich verbindet und oft auch ein Kind zeugt.

Natürlich finden sich nicht in jeder Heldengeschichte alle Einzelheiten des Schemas, aber die prinzipielle Übereinstimmung zwischen den einzelnen Geschichten ist doch erstaunlich. Von daher liegt es nahe, ihre gemeinsamen und zentralen Motive in einer Geschichte zusammenzufassen, um auf diese Weise das archetypische Grundmuster des Heldendramas deutlicher erfassen zu können.

Der Ethnologe Leo Frobenius hat bereits 1904 die verschiedenen Motive der Heldenmythen unter der Bezeichnung „Nachtmeerfahrt" und „Walfischdrachenmythen" zusammengefasst, der Psychotherapeut Otto Rank (1909) eine „Durchschnittssage" von der Geburt und Kindheit des Helden konstruiert, der Mythologe Joseph Campbell (1949, Ausgabe 1978) die typischen Stadien der Heldenfahrt in einem Kreisdiagramm schematisch angeordnet und der Tiefenpsychologe Erich Neumann (1949) hat den Heldenweg in Beziehung zur allgemeinen Bewusstseinsentwicklung des Menschen gesetzt. Auf Neumann bezieht sich auch Ken Wilber in seinem Werk (z. B. 1984). Da die Heldenreise in vielerlei Hinsicht dem Aufbau des klassischen Dramas entspricht und für sehr viele literarische Stoffe grundlegend ist, konzipierte Vogler (1997) auch eine darauf aufbauende Anleitung zum Drehbuchschreiben von Filmen. Das bisher sechsteilige Weltraum-Epos „Star-Wars" z. B. basiert ebenso wie viele andere Filme auf archetypischen Mustern, die die Heldenreise nachbilden.

Die Ähnlichkeit der Personen und Abläufe der Helden-Dramen in den verschiedenen Kulturen durch die Jahrtausende der Menschheitsgeschichte hindurch ist also schon lange erkannt worden. Manche Forscher meinten, dass diese Gleichförmigkeit und Universalität darauf beruhe, dass der frühere Mensch versucht habe, sich ihm unverständliche, aber überall gleiche Naturabläufe nach dem Muster menschlicher Verhaltensweisen zu erklären. So bedeute der neu geborene Held etwa die junge, aus dem Wasser auftauchende Sonne, der sich bei ihrem Aufgang Wolken hemmend entgegenstellen, die aber doch schließlich alle Hindernisse siegreich überwindet. Oder der Kampf des Helden mit furchtbaren Ungeheuern, sein Verschlungenwerden und Wiederauftauchen und seine schließliche Hochzeit mit der Großen Göttin sei ein Abbild der verschiedenen Mondphasen oder des Wechselspiels zwischen Sonne und Mond. Andere stellten dar, dass sich im Heldenweg der Jahreszyklus der Natur spiegelt, sie brachten ihn mit Fruchtbarkeitsriten und der Beziehung von Frau und Mann in den matriarchalen Gesellschaften in Verbindung.

Das sind alles durchaus sinnvolle Interpretationsansätze. Eine weitere einfache und recht logische Erklärung ist, dass die Ähnlichkeit der mythischen Heldenmotive überall auf der Welt darauf zurückzuführen ist, dass, wie vorne bereits dargestellt, die Evolution der Lebewesen und der Lebensprozess des Menschen ohnehin schon immer Heroisches verlangt, immer schon eine Heldenreise ist und der Held eben für den vorbildlichen Menschen steht, den es in allen Kulturen schon immer gegeben hat und der sich um eine gesellschaftliche Erneuerung, um schöpferische Lebensbewältigung und Bewusstseinserweiterung bemüht. Die mit der Evolution und Individuation verbundenen Schwierigkeiten, Konflikte und Erfahrungen sind für die meisten und insbesondere auch für die hervorragenden Menschen aller Kulturen weitgehend ähnlich.

In dieser Sichtweise wird der Heldenweg also nicht auf die überall gleiche Erfahrung des täglichen Sonnenlaufes zurückgeführt, sondern umgekehrt: Der Sonnenlauf wird zu einem Symbol des überall gleichen Heldenweges des Menschen, zum Symbol der Evolution und Individuation. C. G. Jung hat das in seinem Buch über den Helden, „Symbole der Wandlung" so zusammengefasst:

Aus der Umarmung und Umschlingung, dem einhüllenden Schoße des Meeres, entreißt sich die Sonne, siegreich emporsteigend, und sinkt, die Mittagshöhe und all ihr glorreiches Werk hinter sich lassend, wieder ins mütterliche Meer, in die alles verhüllende und alles wiedergebärende Nacht. Dieses Bild war gewiss das erste, das tiefste Berechtigung hatte, zum symbolischen Ausdruck menschlichen Schicksals zu werden [...].

Der natürliche Verlauf des Lebens verlangt zunächst vom jugendlichen Menschen das Opfer seiner Kindheit und seiner kindlichen Abhängigkeit von den leiblichen Eltern [...].

Durch die Abtrennung von dem Dämmer der Kindheit wird ein autonomes Bewusstsein erstrebt. Die Sonne löst sich aus den Dünsten des Horizontes und erreicht die ungetrübte Klarheit der Mittagsstellung. Ist dieses Ziel erreicht, dann sinkt die Sonne wieder, um sich der Nacht anzunähern. Dies äußert sich in etwas, was man mit einem allmählichen Versickern des Lebenswassers allegorisieren könnte [...].

Die Überzeugungen werden zu abgeleierten Platten, die Ideale zu starren Gewohnheiten und der Enthusiasmus zur automatischen Geste [...].

Alles Junge wird einmal alt, alle Schönheit verwelkt, alle Wärme erkaltet, jeder Glanz erlischt, und jede Wahrheit wird schal und flach. Denn alle diese Dinge haben einmal Gestalt gewonnen, und alle Gestalten unterliegen der Einwirkung der Zeit; sie altern, kranken, zerfallen, wenn sie sich nicht wandeln. Sie können sich wandeln, denn der unsichtbare Funke, der sie einstmals zeugte, ist aus ewiger Kraft unendlicher Zeugung fähig. Niemand soll die Gefahr des Abstieges leugnen, aber er kann gewagt werden [...].

Auf jeden Abstieg folgt ein Aufstieg. Die schwindenden Gestalten werden wiedergestaltet, und gültig ist eine Wahrheit auf die große Dauer nur dann, wenn sie sich wandelt und wiederum Zeugnis ablegt in neuen Bildern, in neuen Zungen, als ein neuer Wein, der in neue Schläuche gefasst wird.[2]

Das Gleichnis des täglichen Sonnenzyklus weist darüber hinaus noch auf einen weiteren wichtigen Sachverhalt hin: Das Heldendrama ist kein einmaliger Vorgang, sondern ein symbolisches Vorbild für Abläufe, die sich zu den verschiedensten Zeiten und auf den verschiedensten Ebenen ständig wiederholen. Wenn in diesem Buch das Heldendrama unter dem Aspekt des Individuationsprozesses und des schöpferischen Lebens betrachtet wird, dann heißt das eigentlich auch, dass sich der Held auf einer dauernden Suche und Wanderschaft befindet, auf der es kein endgültiges Ziel und keine letzte absolute Wahrheit gibt. Es gibt nur Teilziele, die auch nur für eine bestimmte Zeit und für eine bestimmte Lebensstufe Orientierung vermitteln.

Wollen wir im Fluss des Lebens bleiben, müssen wir uns immer wieder neu gegen viele innere und äußere Widerstände auf den Weg machen und immer wieder neue „Drachenkämpfe" durchfechten. Jede noch so kleine schöpferische Tat, durch die wir uns oder unsere Umwelt verändern, entspricht einem kleinen Heldendrama. Das Unterwegssein ist das Ziel oder in psychologischer Sprache: Unser Selbst offenbart sich nur in seinen sich ständig wandelnden Formen. Jede Lebensphase – um nur die größten zu nennen: Schwangerschaft, Geburt, Kindheit, Jugend, Erwachsenwerden, Lebensmitte, Übergang zum Alter, Altsein, Sterben – bringt neue Erfahrungen, Lernprozesse, Anforderungen, Einsichten und Einstellungen mit sich. Wir können die Ganzheit unseres Selbst nur umkreisen, ohne es jemals vollständig zu verwirklichen. Deshalb sind die Suchwanderung, die „Quest", die Reise und der Weg ein uraltes Symbol für den Prozess der Selbstfindung und Selbstverwirklichung.

Das heroische Kind in uns

Perseus Mutter Danae wurde von ihrem Vater, König Akrisios von Argos, in einem unterirdischen Verlies eingesperrt, weil ihm ein Orakel geweissagt hatte, dass ihr Sohn seinen Tod bewirken würde. Göttervater Zeus aber begehrte Danae in ihrem grabähnlichen Gemach. Er verwandelte sich in einen Goldregen, der durch das Dach des Gefängnisses fiel. So wurde ihr Grab zur Hochzeitskammer. Nach der Geburt des göttlichen Sohnes Perseus wollte König Akrisios seine Tochter und deren Unheil verheißendes Kind ums Leben bringen und setzte beide in einer Truhe auf dem Meere aus. Zeus aber beschützte sie, führte sie wohlbehalten zur Insel Seriphos, wo sie von einem Fischer an Land gezogen wurden.

Indem wir nun den typischen Etappen des Heldenweges folgen, stoßen wir als erstes auf den psychologisch so tief reichenden Sachverhalt, dass Empfängnis, Schwangerschaft, Geburt und frühe Kindheit des künftigen Helden häufig als besonders belastet und gefährdet dargestellt werden. Vom babylonischen Gilgamesch, einem der frühesten Helden der Menschheit, wird ähnliches erzählt wie von Perseus. Nach seiner Geburt wird er von einem Turm geworfen und von einem Adler aufgefangen und in Sicherheit gebracht. Der tragische Held Ödipus soll auf Befehl seines Großvaters mit durchbohrten und gefesselten Füßen in der Wildnis ausgesetzt werden, wird aber von einem Hirten gerettet. Auch von Zeus selbst und von Herakles, dem größten Helden der Griechen, sowie von Moses und Jesus wissen wir, wie sehr ihre Kindheit bedroht war.

Zwar gibt es auch eine Reihe von Erzählungen, in denen die Geburt des Helden von seinen Eltern ersehnt und erwartet wird, seine frühe Kindheit und Jugend unter glücklichem Stern steht und er in seinen Begabungen und Fähigkeiten weitgehend gefördert wird, aber diese Schilderungen sind psychologisch gesehen nicht so

Abb. 4: Empfängnis des „Göttlichen Kindes". Danae empfängt Perseus durch den Göttervater Zeus in Gestalt eines Goldregens (Jan Gossaert van Mabuse, 1527, Alte Pinakothek, München). Eine mögliche Interpretation für das Motiv des „Göttlichen Kindes" ist, das hinter der Zeugung eines Kindes durch die persönlichen Eltern immer auch unpersönliche, trans-personale Faktoren im Spiele sind, z. B. archetypische und evolutionäre Energien. In diesem Sinne werden Kinder auch immer wieder als „Wunder des Lebens" empfunden.

befriedigend. Nicht nur erschweren sie uns, uns mit dem künftigen Helden zu identifizieren – denn welcher Mensch kann schon auf eine solche glückliche Kindheit zurückschauen? – sondern sie vernachlässigen auch jenes psychodynamisch entscheidende Moment, das in hohem Maße für die Faszination und Kraft des Heldenmotivs verantwortlich ist: Die not-wendige Beziehung zwischen Kleinheits- und Ohnmachtserleben und der Sehnsucht nach überlegener Größe und Stärke.

Wieso fordert die Gestalt des Helden geradezu dessen unscheinbare, niedere Herkunft und seine bedrohte Kindheit und Jugend? Weshalb befriedigt es uns so sehr, wenn wir in unzähligen Märchen, Romanen, Filmen und Biographien bedeutender Menschen immer wieder jenes uralte Schema vom verlassenen, gedemütigten und verachteten Kind nachvollziehen, das sich allen Leiden und Widerständen zum Trotz zum großen, berühmten Menschen entfaltet? Die Antwort ist einfach, und sie wurde schon in der Einleitung gegeben: Der Held spiegelt das Urerleben unserer eigenen existenziellen Endlichkeit und Ohnmacht und unsere Hoffnung, diesen fast unerträglichen Zustand überwinden zu können. Der Held sind wir.

Wir sind von allem Anfang Wesen, die sich selbst in hohem Maße unbekannt sind und in eine fremde, unbekannte Welt hinein geboren werden. Sobald wir unseren ersten Atemzug gemacht haben, sind wir verlassen, einsam, unverstanden. Keine noch so gute Mutter und kein noch so einfühlsamer Partner werden sich in unsere Eigenart wirklich einfühlen können, keine noch so intensive Selbsterforschung wird uns uns selbst ganz verstehen lehren, kein Mensch wird uns in unseren großen Ängsten, Demütigungen und Schmerzen wirklich trösten können und keiner kann für uns und mit uns jene Reifungsschritte tun, die auf unserem unbekannten Weg durch das Leben bis in den Tod notwendig sind. Überall müssen wir die Angst und das Risiko des Lebens alleine tragen und aushalten, auch wenn wir nur allzu gerne die Augen vor dieser Tatsache verschließen möchten.

Abb. 5: Die bedrohte Kindheit des Helden. Moses wird von seiner Mutter in einem Körbchen am Ufer des Nils ausgesetzt (Alexey Tyranov, ca. 1840, Staatliche Tretjakow-Galerie, Moskau).

Diesen allgemein menschlichen Abhängigkeits-, Verlassenheits- und Ohnmachtserlebnissen sind natürlich ganz besonders Kinder ausgesetzt, die über das normale und gerade noch erträgliche Maß hinaus Unverständnis und Ablehnung erfahren müssen, sei es, dass sie unerwünscht sind, dass man sie schlägt und missbraucht oder dass man sie demütigt, verachtet und verlacht.

Eine Frau erinnert sich als eine ihrer frühesten Kindheitserfahrungen, dass sie mit etwa drei Jahren im Kindergarten in die Hose gemacht hatte und zur Strafe nackt in einen Eimer gestellt wurde und öffentlich, unter dem Gelächter der anderen Kinder, sauber gewaschen wurde. Danach musste sie sich in die Ecke stellen und sollte sich schämen.

Ein Mann, der unter starken Versagensängsten leidet, erzählt unter starkem Gefühl von Peinlichkeit, dass er in der Schule beim Schnellrechnen, bei dem die ganze Klasse aufgestanden war und sich einer nach dem anderen setzen konnte, wenn er als Schnellster die vom Lehrer gestellten Aufgaben gelöst hatte, wiederholt als letzter da gestanden hatte, zum Gejohle der Klasse und unter den demütigenden Worten des Lehrers.

Und ein anderer Mann berichtet aus seiner Kindheit von Verfolgungsjagden durch das ganze Haus, bei denen ihm sein Vater in blinder Wut mit dem Prügel in der Hand hinterherlief. Es war ihm so vorgekommen, als sei er um seine nackte Existenz gerannt. Wenn der Vater ihn dann eingeholt hatte, ihn packte und erbarmungslos auf ihn schlug, dann war die Angst so grenzenlos, dass er in die Hose machte. Später sollte er sich dann beim Vater noch entschuldigen für sein Fehlverhalten, das er als solches gar nicht wahrgenommen hatte. Seine Mutter stand dann neben dem Vater und sagte nur kopfschüttelnd: „Warum warst du auch so böse?"

Das Schlimme an solchen Situationen, in denen Kinder ohnmächtig und allein der Grausamkeit und dem Sadismus übermächtiger anderer Menschen ausgesetzt sind, wird noch verstärkt dadurch, dass sie aus dem Erlebten meist die Schlussfolgerung ziehen, dass sie es seien, die grausam, böse und schlecht sind. Kinder verfügen ja nicht über genügend Objektivität und Distanz, um ihre Eltern, deren Beweggründe und Lebensumstände kritisch beurteilen zu können. Durch ihre Abhängigkeit von ihnen erleben sie sie als grenzenlos überlegene, unfehlbare, göttliche Wesen und können meist nur den Schluss ziehen: „Wenn meine Eltern mich nicht lieben, dann muss ich schlecht und nicht liebenswert sein; wenn meine Eltern mich misshandeln und demütigen, dann muss ich es verdient haben, weil ich böse und egoistisch bin, und wenn andere Menschen mich auslachen, dann muss ich wirklich ein Versager sein."

Weil sie all dies von sich glauben und sich dafür schämen, müssen sie ihre Angst, ihren berechtigten Zorn und ihre tiefe Trauer, die mit solchen traumatischen Erlebnissen verbunden sind, verdrängen; sie dürfen nicht spüren, was ihnen als Kind angetan wurde. Deshalb ist es ihnen als inzwischen Erwachsenen so ungeheuer peinlich und bedrohlich, von ihren erlittenen Demütigungen zu sprechen. Immer noch glauben sie an das Schuldurteil und den Verbannungsfluch, den ihre frühen Beziehungspersonen über sie verhängt haben, und immer noch sind sie fest davon überzeugt, bösartig und sündig zu sein. Sie befürchten, dass ihre Mitmenschen sie auch heute noch ebenso ablehnen und bestrafen werden, wie sie es früher einmal erlebt haben.

Häufig greifen Kinder dann in ihrer Not auf die hilfreiche Fantasie des Findelkindes und die der unbekannten, aber besseren, königlichen Eltern zurück. Sie träumen davon, dass ihre „wahren" Eltern, die reich und bekannt sind, eines Tages kommen, um sie abzuholen. Und sie freuen sich schon darauf, wie ihre Stiefeltern und Geschwister ungläubig schauen werden, wenn sie, die Geringsten und Missachtetsten unter ihnen, sich dann als ein Kind hoher Abkunft herausstellen. Dieses Motiv: Stiefeltern, unscheinbares, unterschätztes, abgelehntes Kind, das eines Tages seine wahre Herkunft und seine besonderen Qualitäten offenbart, macht auch die so ungemein tröstende Wirkung vieler Märchen aus.

Wenn wir uns also überlegen, wie wir als ohnmächtige und gedemütigte Kinder psychisch überhaupt überleben können, woher wir eigentlich die Kraft nehmen, darauf zu vertrauen, dass es uns eines Tages doch besser gehen wird, dann stoßen wir auf die Heldengestalt. Wenn unsere Kraft der Selbstverwirklichung und unsere schöpferische Fantasie nicht völlig zerstört wurden, dann erzeugen sie in uns kompensatorisch das tröstende Bild des Helden. Seine Stärke lässt uns unsere Ohnmacht vergessen und unsere Schmerzen tapfer ertragen, seine überlegene Größe lässt uns unsere eigene wahre Würde und Größe nicht vergessen, und sein Triumph macht uns Hoffnung, dass auch wir eines Tages über unser Leid triumphieren werden.

Aber klingt das nicht zu optimistisch? Bewegen sich nicht zu viele Menschen ihr Leben lang wie Gefangene im Bannkreis ihrer negativen Orakelsprüche und Flüche, die ihnen das „Schicksal" durch ihre ersten Bezugspersonen oder durch leidvolle Lebensumstände wie Armut, Krieg und Krankheit auferlegt hat? Formeln wie: „Sei nicht!", „Fühle nicht!", „Wünsche nichts!" sind als lebensbestimmende Prägungen in vielen wirksam.

Gibt es überhaupt noch eine Hoffnung für einen Menschen, wenn er lange Jahre seines Lebens davon überzeugt gewesen ist, dass er eigentlich gar kein Recht zur eigenen Existenz hat, dass er ein Versager ist, nichts für sich wünschen und wollen darf? Diese Hoffnung mag praktisch gering sein, ist aber dennoch gegeben durch die Tatsache, dass ein solcher Mensch überhaupt überlebt hat, trotz aller Widerwärtigkeiten seines Lebens.

Welche Kraft ist es denn in ihm gewesen, die ihn so lange hat durchhalten lassen? Haben ihm nicht vielleicht doch irgendwo die „Schicksalsgötter" auch ein positives Orakel mit in die Wiege gelegt? Dieses positive Orakel, das jeder Einzelne mit auf seinen Lebensweg bekommt, liegt in der schöpferischen, evolutionären Energie des Lebens selbst, die bis zuletzt unablässig danach strebt, in jedem von uns ihren höchsten Ausdruck zu finden.

Eine Frau, die über ihre ständigen Anpassungsleistungen und ihre alltägliche Routinearbeit schon lange vergessen hatte, dass auch sie immer noch ein heroisches Kind in sich trug, das von dem Wunsch beseelt war, das Beste aus ihrem Leben zu machen, träumte:

Auf einer menschenleeren Straße steht in einer Einfahrt ein Kinderwagen. Ich habe den Eindruck, dass dieser Kinderwagen schon lange dort steht und sich niemand um ihn kümmert. Mit großer Angst, ich könnte ein totes Kind darin entdecken, nähere ich mich ihm. Aber zu meiner großen Erleichterung finde ich ein ruhig und friedlich daliegen Kind. Bei näherem Hinschauen bemerke ich, dass es gelb-goldene Haare hat, lächelt und mich mit großen Augen anstrahlt. Eine Welle intensiver Gefühle von Wärme, Freude und Liebe durchflutet mich. Beglückt wache ich auf.

Es gibt wohl wenige Symbole, die von so weitreichender und belebender Kraft sind wie das des göttlich-heroischen Kindes, von dem Jung schreibt:

Es personifiziert Lebensmächte jenseits des beschränkten Bewusstseinsumfanges, Wege und Möglichkeiten, von denen das Bewusstsein in seiner Einseitigkeit nichts weiß, und eine Ganzheit, welche die Tiefen der Natur einschließt. Es stellt den stärksten und unvermeidlichsten Drang des Wesens dar, nämlich den, sich selber zu verwirklichen [...] .

Der Drang und Zwang zur Selbstverwirklichung ist Naturgesetzlichkeit und daher von unüberwindlicher Kraft, auch wenn der Beginn ihrer Wirkung zunächst unansehnlich und unwahrscheinlich ist.[3]

Diese Unansehnlichkeit des Göttlichen Kindes in uns aber macht es uns gerade so schwierig, mit ihm ernstlich in Kontakt zu treten. Immer wieder verstoßen wir es aufs Neue, weil es uns Fantasien und Wünsche eingibt, die wir als „infantil", „unvernünftig" oder „lächerlich" abtun, und immer missachten wir sein immenses Entwicklungspotenzial, indem wir seinen Impulsen ein Ungläubiges: „Das führt ja doch zu nichts" oder: „Was soll dabei schon rauskommen?" entgegen halten. Dadurch werden wir zu unseren eigenen bösen Stiefeltern, die unsere neue Geburt und Entfaltung mit Ablehnung und Tod verfolgen.

Was wir also aus dem mythischen Drama der Heldengeburt für unseren Individuationsprozess lernen können, lässt sich so zusammenfassen: Jeder, der sich auf die Reise des Helden macht, muss sich unvermeidlich mit dem ängstlichen, abhängigen, gedemütigten, einsamen und verlassenen Kind in sich liebevoll beschäftigen. Er muss seiner frühkindlichen Angst, Scham, Trauer, Ohnmacht, seiner Sehnsucht nach Schutz, Wärme, Geborgenheit und Liebe begegnen, damit seine Neugier, Wunschkraft, Offenheit und Lebenslust wieder erwachen können.

Oft haben wir die heroische Kraft in unserer Kindheit am intensivsten gefühlt. Wir müssen in uns diese Fähigkeit des leidenschaftlich Wünschens und Wollens meist erst wieder erwecken. Am Anfang unseres Lebens – wenn nicht die vorgeburtlichen Einflüsse bereits belastend gewesen sind – sind wir noch voller Kraft, voller Lebensfreude, voller Begeisterungsfähigkeit. In uns brennt das ekstatische Lebensfeuer des Universums noch in hoher Intensität. Wir sind erfüllt von Lebenslust, Neugier und von unbändigem Drang zur Selbstverwirklichung. Nichts befriedigt uns mehr, als die Welt, unsere Mitmenschen und uns selbst zu erkunden und immer mehr zu lernen, unsere angeborenen Fähigkeiten anzuwenden.

Oft aber hatten wir aber keine Eltern, keine Großeltern, keine Erzieher und Lehrer, die uns halfen, das Staunen über das Mysterium des Lebens, das wir in uns tragen und dem wir außen überall begegnen, zu vertiefen. Stattdessen wurden wir überwiegend auf das Fehlerhafte aufmerksam gemacht. So vieles, was wir taten, wurde dauernd kritisiert, bewertet, belastet von Schuld- und Schamgefühlen und immer wieder verglichen mit Fremd- und Ideal-Vorstellungen, die im Grunde keiner wirklich erfüllen konnte. Schließlich verloren viele von uns ihren Mut, ihre Begeisterung und ihre ungehemmte Freude an ihrer schöpferischen Kraft.

Die Begegnung mit unserem inneren Kind, das wir einmal waren und immer noch sind, ist nicht einfach für uns, weil wir dabei mit intensiven Gefühlen konfrontiert werden: mit heißen Sehnsüchten, mit großer Angst, mit Schmerz und Trauer und vor allem mit Scham. Die Scham, die wir empfinden, wenn wir in Berührung mit

Abb. 6: Wenn ihr nicht umkehret und werdet wie die Kindelein... Maria und Jesuskind (Cover-Collage aus Müller, A. und L. (2009): *Ein Stern kommt auf die Erde* unter Verwendung eines Bildes von Murillo). Das „Göttliche Kind" ist ein Symbol für das „Ewig-Neue", das Entfaltungspotenzial und Schöpferische im Menschen und für die Natürlichkeit, Einfachheit, Offenheit und Weite eines freien, ungebundenen Bewusstseins.

den Gefühlen und Wünschen unseres inneren Kindes kommen, macht es uns oft sehr schwer, unsere heroische Begeisterungsfähigkeit und Tatkraft zu erwecken. Wir wehren uns verzweifelt, nichts von unseren vermeintlich „schwachen" Gefühlen zu zeigen.

Wir wollen unsere Sehnsucht nach liebevoller Bestätigung und Bewunderung, unsere Verletzlichkeit und unsere Empfindlichkeit nicht offenbaren. Wir haben Angst vor den innigen, weichen, warmen Gefühlen, die uns überkommen könnten, vor den Tränen, die vielleicht fließen würden, vor unserer Rührung und Trauer, aber auch vor den ekstatischen Reaktionen, vor all den „sentimentalen" Gefühlen, der „Gefühlsduselei". Wir verbergen sie statt dessen hinter Ernsthaftigkeit, Verantwortlichkeit und Pflicht, hinter Neid, Verbitterung, Rachegefühlen, Aggressionen, Vorwürfen, Streitereien, Rivalitäten.

Aber wenn wir gelernt haben, das innere Kind in uns und in anderen Menschen zu sehen, dann wissen wir, dass hinter vielen dieser vermeintlich „erwachsenen" Haltungen und hinter vielen negativen, zerstörerischen Impulsen häufig der tiefe Wunsch steht, sich in freier Weise ganz entfalten zu können und in unserer persönlichen Eigenart ganz angenommen zu werden.

Es besteht aber andererseits auch die Gefahr, dass wir in der Begegnung mit dem Kind in uns in einer bestimmten Haltung stecken bleiben. Unser inneres Kind, das uns einerseits so viel Neugier und Experimentierfreude vermitteln kann, hat auch einige Schattenseiten, die uns es sehr schwer machen können, uns und unsrer Vision treu zu sein: z. B. übermäßige Ängstlichkeit, Bequemlichkeit, und Verharren in magischen Größenfantasien. Wenn es in seinen Bemühungen frustriert wird, zieht es sich manchmal enttäuscht zurück und will die Lösung aller Schwierigkeiten des Lebens seinen Eltern überlassen. Es liebt seine Größenfantasien und Wunschträume, will aber nichts dafür tun, sondern hofft auf deren einfache, magische Erfüllung.

Viele Menschen, die ein unbefriedigtes Leben führen, verharren in einer vorwurfsvollen Einstellung den Eltern oder dem Schicksal gegenüber. Manche wiederholen jahre- und jahrzehntelang ihre ewig gleichen kindlichen Vorwürfe und Klagen, ohne dass sie beginnen, für ihr Leben selbst leidenschaftlich die Verantwortung zu übernehmen. Dafür ist es nämlich nötig, über die passiven Erwartungshaltungen und Enttäuschungen des Kindes hinauszugehen und zum „Göttlichen Kind" zu finden, jener Lebenskraft, die trotz aller Schwierigkeiten dem Leben ein großes „Ja" entgegen ruft.

Für dieses „Göttliche Kind" haben wir selbst eine fürsorgliche Elternschaft zu übernehmen. Darüber hinaus erinnern uns die Helden-Mythen daran, dass wir neben unseren persönlichen Eltern auch noch göttliche Eltern haben, nämlich jene evolutionären Energien und Kräfte, die durch unsere leiblichen Eltern, Großeltern und die ganze menschliche Ahnenreihe hindurch wirken und die uns auch jetzt noch auf unserem Lebensweg begleiten als die „Große Mutter" und der „Große Vater" in der Tiefe unserer Seele. An diese Kräfte – unsere eigentlichen Eltern – können wir uns immer vertrauensvoll wenden, wenn wir einmal nicht weiter wissen.

Die Waffen des Helden:
Wissen, Wagen, Wollen, Schweigen

Amphitryon rief den Seher Teiresias. Dieser weissagte dem Knaben Herakles das Vollbringen ungeheurer Taten und dass ihn am Ende seines mühevollen Lebens das ewige Leben bei den Göttern und Hebe, die ewige Jugend, als himmlische Gemahlin erwarteten. Als Amphitryon das hohe Schicksal des Knaben aus dem Munde des Sehers vernahm, beschloss er, ihm eine würdige Erziehung zu geben. Aus allen Gegenden rief er Helden zusammen.

Er selbst unterwies Herakles in der Kunst, einen Wagen zu lenken. Eurytos lehrte ihn, den Bogen zu spannen und mit Pfeilen zu schießen. Die Künste der Ringer und Faustkämpfer lehrte ihn Harpalykos. Komolkos unterrichtete ihn im Gesang und dem Schlagen der Leier. Kastor zeigte ihm, wie man schwer bewaffnet im Felde kämpft. Linos aber, der greise Sohn Apollons, lehrte ihn die Buchstabenschrift [...].

Herakles wuchs heran und übertraf bald alle an Größe und Kraft. Nie fehlte er im Schießen des Pfeils und im Werfen des Spießes. Mit achtzehn Jahren war er der schönste und stärkste Mann Griechenlands und es sollte sich jetzt entscheiden, ob er diese Kraft zum Guten oder zum Schlimmen anwenden werde.[4]

In den meisten Heldengeschichten erfahren wir ganz ähnlich wie hier bei Herakles, dass der kindliche und jugendliche Held, nachdem er die Gefährdungen seiner Geburt und der ersten Lebensmonate überstanden hat und von den zweiten Eltern in Fürsorge erzogen wurde, bald besondere Geschicklichkeit und Stärke im Kämpfen, Reiten und im Umgang mit den Waffen offenbart. Wenn wir nun versuchen, mögliche psychologische Bedeutungen dieser Waffen des

Helden zu erarbeiten, dann sei noch einmal daran erinnert, dass wir sie nicht in ihrer konkret-praktischen, sondern in ihrer möglichen symbolischen Bedeutung verstehen wollen. Wir betrachten sie so, als hätten wir beispielsweise von ihnen geträumt und als würden sie sich auf bestimmte seelische Eigenschaften, Fähigkeiten und Funktionen beziehen, die wir einüben und entwickeln müssen, damit wir später zu unserem „Drachenkampf" in der Lage sind. Die wesentlichen seelischen Fähigkeiten und „Stärken", die der Held und auch der schöpferische Mensch meist in höherem Maß als der Durchschnittsmensch ausgebildet hat, lassen sich in der alten Formel der Magier: „Wissen, wagen, wollen, schweigen" zusammenfassen.

„Wissen" bezeichnet eine hohe Lernbereitschaft, Offenheit für das Neue, die schöpferische Neugier und das große Bedürfnis, Zusammenhänge immer besser und tiefer zu verstehen. „Wissen" bedeutet zu spüren, dass man das Recht hat, alles, was es zu verstehen gibt auf der Welt, auch lernen und verstehen zu dürfen. „Wissen" bedeutet, dass man alle Regeln, Glaubenssätze, Traditionen und Ideologien immer wieder hinterfragt und zu überschreiten wagt. Wissen bedeutet natürlich auch, dass man bereit ist, alle Kenntnisse und Fähigkeiten zu erlernen und zu üben, die für den Heldenweg erforderlich sind.

„Wagen" meint den Mut zum Experimentieren und zum Risiko, ohne den es ein Erforschen des Unbekannten nicht gibt und ohne den die unvermeidlichen Konflikte mit den Mitmenschen nicht ausgehalten werden können, die dadurch entstehen, dass man sich teilweise von den kollektiven Normen entfernt und es bevorzugt, sich selber treu zu sein. Ein Risiko einzugehen heißt auch, Fehler zu machen, zu irren, Misserfolge zu erleben und zu scheitern.

„Wollen" drückt die Kraft aus, den eigenen Weg geduldig, beharrlich und zielstrebig unter Einsatz der ganzen Persönlichkeit zu verfolgen, trotz aller Widerstände und Rückschläge. Dieses beharrliche Wollen scheint wirklich eine der Schlüsseleigenschaften des heroischen Menschen zu sein. In der Motiviationsliteratur wird immer wieder von Abraham Lincoln (1809-1865) berichtet, der bis heute als einer der bedeutendsten Präsidenten der USA gilt. Er beendete die Sklaverei, führte die USA in das Industriezeitalter und verhinderte den Zerfall der Nation. Bis er aber 1860 Jahren zum Präsidenten gewählt wurde, hatte er, so wird berichtet, eine Vielzahl von Krisen und Rückschlägen zu ertragen. Es wuchs als armer Farmerssohn in Kentucky auf und erwarb sich seine Kenntnisse weitgehend als Autodidakt. Er erlebte den Tod dreier seiner Söhne und seiner Geliebten, erlitt Pleiten und nervliche Zusammenbrüche, verlor viele Male politische Wahlen und blieb doch seiner inneren Berufung treu. Er starb an den Folgen eines Attentats. Ein geradezu klassisches Heldenleben.

Im „Schweigen" offenbaren sich emotionale Disziplin, Selbstbestimmung, Autonomie und nicht zuletzt auch die Fähigkeit zu überpersönlicher Objektivität, der wir noch ausgiebiger im Kapitel über die Kunst der Schildführung begegnen werden. Es ist auch die Fähigkeit, mit Abwertungen, Vorwürfen, Kränkungen, Kritik, Ängsten und anderen unangenehmen Gefühlen so umzugehen, dass das eigentliche Ziel nicht aus den Augen verloren wird.

Diese Eigenschaften seien nun anhand der Waffen des Helden in den nächsten Kapiteln näher untersucht. Beginnen wir mit der einfachsten und elementarsten Waffe des Helden, der die meisten anderen Waffen zugrunde liegen: dem Stab.

Zunächst ist der Stab wie die anderen typischen Heldenwaffen auch natürlich ein Phallus und Fruchtbarkeitssymbol. Als ein Teil des Baumes ist er symbolisch mit dessen Fähigkeit verbunden, Leben entstehen und vergehen zu lassen. Der Phallus als Grundsymbol des Helden geht aber in seiner Bedeutung weit über diesen bekannten schöpferisch-fruchtbaren Aspekt hinaus. Erst diese anderen Bedeutungen machen verständlich, wieso der Phallus auf Männer wie auf Frauen eine solche Faszination ausüben kann.

Wir können uns heute wahrscheinlich nicht mehr gut vorstellen, von welch epochemachender Bedeutung es für den frühen Menschen war, als er den Stab als Werkzeug und Waffe entdeckte. Er muss ihm wie eine Offenbarung vorgekommen sein. Mit ihm konnte er den Aktionsradius seiner Hand erweitern, konnte kämpfen, Tiere töten, in gefährliche Bereiche (wie Höhle, Wasser, Feuer) vordringen, ohne eine Verletzung zu riskieren, er konnte mit ihm den Boden auflockern und fruchtbar machen und schwere Lasten bequemer tragen. Da ihm der Stab eine Verstärkung seiner Muskelkraft ermöglichte denken wir nur an die Hebelgesetze, die unsere Kräfte auf beeindruckende Weise vervielfachen –, schrieb er ihm bald magische Kräfte zu. Der Stab erschien ihm, als sei er mit einer besonderen Kraft, mit einer besonderen Potenz aufgeladen.

Das sehen wir beispielsweise an dem göttlichen Zauber-Stab des Moses, mit dem er Wunderdinge zu bewirken vermochte.

> *Und diesen Stab da nimm zur Hand; damit sollst du die Zeichen tun! [...] Moses und Aaron taten so, wie der Herr geboten hatte: Er erhob den Stab und schlug vor den Augen des Pharao und seiner Leute auf das Wasser im Nil, und alles Wasser im Nil verwandelte sich in Blut. [...] Da streckte Moses seinen Stab gen Himmel, und der Herr ließ donnern und hageln, und Feuer fuhr zur Erde hernieder. [...] Und Mose reckte seine Hand über das Meer, und der Herr trieb das Meer die ganze Nacht durch einen starken Ostwind zurück und legte das Meer trocken; und die Wasser spalteten sich. [...]." Der Herr antwortete Mose: „Auch deinen Stab, mit dem du den Nil geschlagen hast, nimm zur Hand und gehe zu dem Felsen am Horeb [...]. Dann schlage an den Felsen, so wird Wasser hervor strömen und das Volk hat zu trinken." Und Mose tat so vor den Augen der Ältesten Israels.*[5]

Aber auch der Götterbote Hermes besaß einen ähnlichen Stab, den Kerykeion. Dieser war von zwei Schlangen umwunden und hatte die Macht, die Menschen einzuschläfern oder aufzuwecken. Der Stab des Äskulap mit der einen Schlange, die in diesem Zusam-

Abb. 7: Mose teilt mit seinem Stab das rote Meer (Bibelillustration von Charles Foster, 1897).

menhang für Heilung, Erneuerung und Lebenskraft steht, wurde zu einem Symbol des Ärztestandes. Die Schlange ist seit alters ein ambivalentes, hoch-energetisches Symbol: sie kann eine verschlingenden, tötliche Gefahr sein, sie kann sich aber auch ständig erneuern (Verjüngung durch Häutung). In der Tiefenpsychologie wird sie als „Libido"-Symbol aufgefasst, also als Symbol reiner sexuell-aggressiver Lebens-Energie. Wer diese Energie „beherrscht" hat in gewissem Umfang Macht über Leben und Tod.

Mädchen und Frauen empfinden einem Stab gegenüber möglicherweise nichts Besonderes, den meisten Männern aber ist die Faszination des Stabes aus eigener Erfahrung in der Kindheit sehr vertraut und dies keineswegs nur deshalb, weil sie einen Penis haben, der gelegentlich erigiert. Einen Stock oder einen Stab in der Hand zu halten, bedeutet unmittelbaren Machtzuwachs. Er stärkt den Mut, das Selbstvertrauen, verleiht Sicherheit und Halt.

Wenn ich als kleiner Junge irgendwo hingehen sollte, wo ich mich fürchtete, zum Beispiel in den dunklen Keller, dann suchte ich mir einen Stab, der mich begleitete. Ich wähle absichtlich diese Formulierung, weil ich vermute, dass die Macht des Stabes nicht nur in der besseren Wehrhaftigkeit liegt, sondern dass er auch die Funktion eines sogenannten „Übergangsobjektes" hat. Er repräsentiert für ein Kind stützende und Sicherheit verleihende Eigenschaften der Eltern und ermöglicht ihm ein allmähliches „Übergehen" von der kindlich-abhängigen, an die Eltern gebundenen Haltung zur Autonomie. Natürlich denkt man auch an den bekannten 23. Psalm der Bibel: „Der Herr ist mein Hirte [...]. Und ob ich schon wanderte im finstern Tal, ich fürchte kein Unglück; denn du bist bei mir, dein Stecken und Stab, der tröstet mich."

Aber die faszinierende Macht des Stabes reicht noch tiefer. In ihm ist ein „magisches" Geheimnis „enthalten", das denjenigen, der es kennt und verwirklicht, zum königlichen Herrscher (Zepter) und göttlichen Repräsentanten (Hirtenstab) macht. Bei diesem „Geheimnis" handelt es sich um das Wunder des ordnenden Bewusstseins und des entschlossenen Willens. Das denkende und schöpferische Bewusstsein des Menschen ist die höchste uns bekannte „Magie". Dank dieser Fähigkeit vermag der Mensch seine Vorstellungen, Wünsche und Pläne zu verwirklichen, die Naturgesetze zu lenken und zu beeinflussen.

Wieso ist aber das „Geheimnis" des schöpferischen Bewusstseins im Stab symbolisch enthalten? Denken wir zum Beispiel an einen Dirigenten mit seinem Orchester. Indem er seinen Stab im Takt und Rhythmus bewegt, ermöglicht er den Musikern, gemeinsam und in Übereinstimmung miteinander zu spielen. Aus einem ungeordneten, vielleicht chaotischen Nebeneinander der einzelnen Instrumente wird ein geordneter musikalischer Ablauf mit Struktur, mit Anfang und Ende. Hier wird der Stab also zu einem Symbol für ordnende, konzentrierte, zielgerichtete und dynamische Kraft. Wir werden später ähnliches bei der Lanze und bei Pfeil und Bogen entdecken.

Hinzu kommt, dass wir uns den aktivierten Stab meist ganz seiner inneren Symbolik entsprechend als senkrecht oder aufrecht vorstellen. In dieser Haltung zum Beispiel in die Erde gesteckt, verkündet er: „Das ist mein Ort, mein Territorium. Hier bin ich und hier stehe ich!" Nicht zufällig wohl ähnelt die erste Zahl, die „1", einem Stab, und nicht zufällig wohl bedeutet der Buchstabe „I" im englischen „Ich".

Die aufrechte Haltung des Menschen hat sehr viel mit seinem Selbst-Bewusstsein, seiner Identität und seiner Fähigkeit zu Willenshandlungen zu tun. Indem sich das kleine Kind aufzurichten beginnt, vollzieht es für sich eine welt- und bewusstseinsschöpferische Tat. Durch das Aufrichten entsteht ein deutliches Oben und Unten, ein Vorne und Hinten. Das Kind beginnt, sich in Raum und Zeit erforschend und gestaltend zu orientieren. Die Hände werden frei zum erprobenden Handeln.

Das Aufrichten vermittelt ein euphorisches, triumphales Gefühl von Beweglichkeit und Macht. Indem das Kind zu stehen und zu laufen lernt, befreit es sich einerseits von der Ausgeliefertheit an die Mutter, stößt aber auch deutlicher an die Grenzen zwischen sich und den Objekten der Umwelt. Es erlebt immer mehr sich selbst und seinen Körper als den Mittelpunkt seiner Existenz und kann davon die Mutter und die Umwelt unterscheiden. Damit entstehen Ich- und Selbstbewusstsein.

Der Stab vermittelt uns die fundamentale Formel jedes Selbst-Bewusstseins und jedes schöpferischen Tuns: „Ich bin, der ich bin!" Er ermutigt uns zu dem Wagnis, „aufrichtig" zu uns selbst, unseren Gefühlen, Wünschen und Gedanken „zu stehen". Wenn man alle Eigenschaften des heroischen Menschen auf einen Nenner bringen sollte, dann wäre es genau dies: „Sei dir selbst treu und übernimm

Verantwortung für dein Leben!" Aber sich so zu verhalten ist ein ständiges Wagnis und Risiko. Unvermeidlich ist damit verbunden, dass wir in Widerspruch geraten zu den Vorstellungen unserer Mitmenschen über uns, zu unseren eigenen Vorstellungen darüber, wie wir eigentlich sein sollten, und zu unseren Bedürfnissen nach Geborgenheit und Aufgehobensein in mitmenschlichen Beziehungen.

Die Angst vor diesen Konflikten lässt viele Menschen schon vor den ersten Etappen des Heldenweges zurückschrecken und in einer unfruchtbaren Anpassung verharren. Damit aber werden sie nie jenes beglückende Gefühl des „Ich bin ich!" erleben, das unser Geburtsrecht ist.

Bei Moses ist der Stab mit göttlichem Willen und göttlicher Macht „aufgeladen". Das kann uns daran erinnern, dass dieses bedingungslose Ja-Sagen zu sich selbst, zu diesem „Ich bin, der ich bin" in seinem tiefsten Sinn den Einklang des Menschen mit seinem Selbst zum Ausdruck bringt.

Die anderen Waffen, die sich mehr oder weniger von der Funktion des Stabes ableiten lassen, ergänzen die beschriebenen Aspekte oder heben einige von ihnen verstärkt hervor.

Die Keule zum Beispiel, die Waffe des Herakles, die er sich aus einem Olivenbaum schnitt (in Griechenland ist der Olivenbaum unter anderem Symbol der geistigen Stärke und Erkenntnis, der Fruchtbarkeit, der Lebenskraft und des Sieges!), ist ein wahrer Kraftakkumulator. Sie vervielfacht durch ihr Gewicht und ihren einseitigen Schwerpunkt die zerstörerische Wucht des Schlages und vermag die in der ausholenden Bewegung angesammelte Energie an einen kleinen Punkt abzugeben. Um sie geschickt handhaben zu können, bedarf es aber größerer körperlicher Kräfte. Leicht kann sie aus der Kontrolle geraten und ihren Besitzer treffen. Weil aber die Keule längst nicht so differenziert verwendet werden kann wie der Stab und hauptsächlich dem Kampf und der Zerstörung dient, können wir sie als ein Symbol für brachiale körperliche Kraft und Aggression verstehen.

Die Attraktivität, die der starke, radikale Held für uns besitzt, beruht zum guten Teil auf seiner Fähigkeit, ohne viel Zweifel, Skrupel und Schuldgefühle Lösungen und Entscheidungen herbeizuführen. Erinnert sei hier nur an die ungeheure Massenwirkung von Fantasien, die mit dem „Totalen", dem „Endgültigen" und „Radikalen" zu tun haben. Diese Fantasien sind immer Ausdruck einer heroischen „Keulen-Psychologie", die immer wieder neu viele junge Menschen beeindruckt.

Auf dem Titelblatt einer Illustrierten war vor Jahren Super-Muskelmann und Hollywood-Star Arnold Schwarzenegger in einem gut sitzenden Anzug mit weißem Hemd und Krawatte zu bewundern; der rechte Jackenärmel war abgerissen und enthüllte Schwarzeneggers gewaltigen Bizeps.[6] Dieses Bild drückt sehr gelungen unseren Konflikt zwischen sozialer Anpassung und aggressiver Revolte aus und zeigt unsere geheime Sehnsucht nach dem starken Heros, der, wenn die an ihm verübten Demütigungen ein erträgliches Maß überschreiten, seine Anpassung und Gefügigkeit aufgibt und den wilden Barbaren offenbart, der „Rot" sieht und im Blutrausch wie eine Kampfmaschine ganze feindliche Heere niederwalzt.

Wir täuschen uns vermutlich, wenn wir glauben, wir hätten keine Bedürfnisse nach solchen radikalen und brachialen Verhaltensweisen. Unsere Träume, unsere halbbewussten Tagesfantasien nach dem Motto: „Da sollte man doch mal richtig draufschlagen" und unsere offensichtliche oder geheime Freude (jedenfalls für Männer) an Rauf-, Prügel und Gewaltszenen in den Medien und im Sport belehren uns eines Besseren. Unsere unbewusste Persönlichkeit ist archaischer, als wir uns gern zugestehen.

Eine sehr differenziert denkende und fühlende Frau erschütterte es zutiefst, als sie einmal bei einem Streit kaum in der Lage war, ihre Fantasie zu bändigen, ihren Mann mit der auf dem Tisch stehenden Weinflasche zu erschlagen. Viele Menschen sind überrascht, dass sie von unerwartet heftige Aggressionen überflutet werden, wenn sie beim Autofahren überholt, behindert oder eingeschränkt werden. Ich selbst habe mich fast schon daran gewöhnt, dass sich bei mir Fantasien von amokschießenden Maschinengewehren, explodierenden Handgranaten und Panzerfäusten einstellen, wenn auf der Straße ein Motorrad mit Höllenlärm vorbeijagt oder einer dieser schrecklich lauten Motorrasenmäher oder „Turbotrimmer" zum Grasschneiden an meinen Nerven säbelt. Manche Leute benutzen auch gerne ihren Kopf als Keule, indem sie mit aller Gewalt mit „dem Kopf durch die Wand" wollen. Der „keulenschwingende Urahn" in uns ist eben nur allzu bald bereit, in Aktion zu treten.

Aber die Fähigkeit zu einer solchen intensiven Kraft und Aggressionsäußerung darf nicht nur als destruktiv bewertet werden. Manchmal ist es eben wirklich nötig, „mit der Faust auf den Tisch zu schlagen" oder unsere ganze Kraft aufzubieten, um uns aus beeinträchtigenden, unheilvollen Zuständen zu befreien oder sich von dem negativen Einfluss eines anderen Menschen zu befreien.

In dem oben erwähnten Zeitschriftenartikel über die starken Männer fand sich eine Überlegung, die angestellt zu haben auch schon feministischen Kreisen nachgesagt wird, ob nämlich „eine gelegentlich fest auf den Tisch hauende Männerhand nicht auch ihr unkompliziertes Gutes habe, verglichen mit dem psychoanalytischen Laienspiel des milden verständnisvollen Partners". Tatsächlich verbleiben viele Menschen deshalb in für sie unglücklichen Situationen und unendlichen „Psycho-Trips", weil sie nicht den Mut aufbringen, einen endgültigen Schlussstrich zu ziehen und damit als rücksichtslos zu gelten.

Während die Keule gewissermaßen die primitive, gewalttätige Kraft-Seite des Stabes akzentuiert, betonen Lanze, Speer und ganz besonders Pfeil und Bogen seine beweglicheren Möglichkeit. Gerade Pfeil und Bogen machen uns noch einmal das „Magische" des Stabes deutlich. Aus einer so einfachen und äußerlich unscheinbaren Konstruktion ein dicker und ein dünner Stab und eine Schnur wird eine magisch-unheimliche Waffe. Die Spann-Kraft des Bogens verbindet sich mit der leichten Beweglichkeit des Pfeils zu einer machtvollen

Abb. 8: Artemis bzw. Diana, die Göttin der Jagd (Domenichino, ca. 1620, Galleria Borghese, Rom). Artemis ist Herrin der Tiere, des Waldes, der Jagd, sie beschützt Frauen und Kinder. Ihre Hauptattribute sind Pfeil und Bogen. Sie ist jungfräulich, frei und wild, auch grausam. Aktaion, ein Jäger, der ihr beim Baden zuschaute, verwandelte sie in einen Hirsch, der dann von seinen eigenen Hunden zerfleischt wurde.

Einheit. Aus sicherer Entfernung das Wild zu erlegen oder den bedrohlichen Feind töten zu können, das ist für den Menschen seit alters eine faszinierende Vorstellung. Die überraschende Plötzlichkeit des lautlos aus dem dunklen Hintergrund hervorschnellenden Pfeiles, der verwundet oder tötet, machte ihn zu einem Symbol aller Schicksalsereignisse und seelischen Vorgänge, die uns blitzartig und unerwartet treffen und betroffen machen: sei es der Tod, die Liebe, die überwältigende Einsicht oder auch nur eine merkwürdige Laune oder ein neuer Einfall.

Bei Naturvölkern gibt es die weit verbreitete Vorstellung, dass Krankheiten dadurch entstehen, dass sie von Göttern und Dämonen oder auch übel wollenden Menschen wie Pfeile abgeschossen werden. Auch wir können durchaus noch etwas von dieser schwarzen Seelenmagie im Alltag erleben. So kann es uns im wahrsten Sinne des Wortes „kränken", wenn uns aggressive Menschen mit ihren „spitzen" Bemerkungen, ironischen „Sticheleien" und „giftigen" Blicken „verletzen". Da wäre es dann gut, wenn wir, wie unsere Helden, einen sicheren Schutzschild hätten, mit dem wir uns diese Hass-Pfeile von Leib und Seele halten könnten. Darüber später noch einiges. Kehren wir noch einmal kurz zur Symbolik von Pfeil und Bogen in Bezug auf die für den Heldenweg notwendigen Fähigkeiten zurück.

Die meist stark affektiv gesteuerte Körper und Durchschlagskraft, welche die Keule symbolisiert, steht bei Lanze, Speer und Pfeil und Bogen nicht mehr im Vordergrund. Selbstbeherrschte Gewandtheit und Geschicklichkeit sind wichtiger. Deshalb können diese Waffen zu Symbolen differenzierter Ich-Leistungen wie Geduld, Konzentration und Beharrlichkeit, Zielstrebigkeit und Treffsicherheit werden.

Sie können aber auch auf das Wechselspiel zwischen zielorientierter Anspannung und vertrauensvollem Entspannen und Loslassen hinweisen, wie es sich in jedem schöpferischen Lebensprozess zeigt. Im japanischen Zen führt deshalb die Kunst des Bogenschießens den übenden Schüler zur Sammlung und Meditation, zur Disziplin und Gelassenheit und zum Leben aus der eigenen Mitte.

Das Wunder des Schwertes
und die Kraft der Entscheidung

Er schmiedete ein schönes Schwert und gab es Sigurd. Aber der schüttelte den Kopf. „Schlechte Arbeit, Regin" und schlug es auf den Amboss, dass es in Stücke sprang. Regin schmiedete ein zweites Schwert, das war noch schöner: „Damit wirst du zufrieden sein." Aber als Sigurd es erprobte, zerbrach es wie das erste, und er sprach zornig zu dem Schmied: „Bist du ein Stümper oder ein Verräter?" Da erinnerte er sich, dass ihm seine Mutter einst die Bruchstücke des väterlichen Schwertes gezeigt hatte; er ging hin und erbat sie von ihr, brachte sie Region und befahl ihm: „Nun wende deine allerbeste Kunst an!" Murrend machte sich Regin an die Arbeit, aber als er das fertige Schwert aus der Esse hob, funkelte es, als lodere Feuer aus seinen Schneiden. „Versteh' ich nun mein Handwerk?" fragte er; und Sigurd nahm das Schwert und schwang es nieder auf den Amboss: Es zerspaltete ihn, ohne zu brechen, und biss noch tief in die Erde, und als Sigurd es herauszog, zeigte es weder Sprung noch Scharte. „Dieses Schwert scheint gut!" sagte Sigurd und ging hinab zum Fluss; warf eine Wollflocke hinein und ließ sie mit der Strömung gegen die Schneide treiben: In zwei Teile geschnitten, floss die Flocke wie Wasser links und rechts vorbei. Sigurds Augen blitzten vor freudigem Mut, er sprach zu dem Schwert: „Gram sollst du heißen!" [7]

Das Schwert besitzt in den verschiedenen Heldenerzählungen häufig eine herausragende Bedeutung. Oft ist es golden, mit einer Inschrift versehen und am Griff mit magischen Edelsteinen verziert. Es trägt einen eigenen Namen: König Artus' Schwert heißt Excalibur, Dietrich von Berns Schwerter heißen Nagelring und Eckesachs, und Sigurd nennt das seine Gram. Wie eine „schwer erreichbare Kostbarkeit" wird es manchmal erst nach langer Suche an verborgenem Ort gefunden. Es besitzt übernatürliche Kräfte und Weisheit; es kennt seinen rechtmäßigen Besitzer und macht ihn unbesiegbar. Manchmal stammt es von Riesen ab, manchmal wurde es von Zwergen geschmiedet, manchmal, wie bei Sigurd, ist es das Schwert des verstorbenen Vaters.

Der besondere Wert des Schwertes liegt wohl darin, dass es die wesentlichen „magischen" Qualitäten von Stab, Keule und Lanze in sich vereint, noch um die Kraft des Schneidens, Teilens und Trennens erwei-

Abb. 9: **Excalibur**, das magische Schwert König Arthurs, wird nach dessen Tod der Herrin des Sees zurückgegeben (Aubrey Beardsley, Illustration, 1894).

tert. Es ist so etwas wie die „Quintessenz" dieser Waffen, es ist ihre differenzierteste Form.

Die menschliche Bewusstseinsentwicklung ist, wie wir sie beim Kind in seinen verschiedenen Entwicklungsstadien noch gut beobachten können – z. B. in der Trotzphase – auf „aggressive" Handlungen wie Abgrenzung, Loslösung, Trennung, Durchsetzung eigenen Willens und Widerstand angewiesen.

Das Kind arbeitet lange Zeit mit der „Keulen-Psychologie", es hat Jähzorns-Anfälle, kann in seiner Wut alles um sich zerstören und kennt wenig Skrupel, Vater und Mutter kurzfristig „sterben" zu lassen. Auf diese Weise übt es seine Autonomie, Wehrhaftigkeit und Selbstwirksamkeit, aber auch das Aushalten von Trennung, Schmerz und Einsamkeit. Wenn es gute Lehrmeister hat, dann wird das Kind im Laufe seiner Kindheit und Jugend lernen, diese Waffen des Abgrenzens und Sich-Durchsetzens immer geschickter zu handhaben, und es wird sich schließlich sein eigenes Schwert schmieden. Es wird damit immer besser unterscheiden können, was innen und außen, was mein und dein und was gut und böse ist. Sein Bewusstsein von sich selbst und der Welt wird vertrauensvoll, optimistisch und realistisch sein.

Mit dieser Fähigkeit zur Unterscheidung ist sehr eng auch die Fähigkeit zur tatkräftigen Entscheidung verbunden. Entscheiden kann sich nur, wer verschiedene Alternativen unterscheiden und bewerten kann. Das Schwert wird somit zu einem Symbol von tatkräftiger Entscheidungsfähigkeit, von Entschlossenheit, Mut, Wehrhaftigkeit und Initiative. Sehr schön kommt das in folgendem kleinen Abschnitt zum Ausdruck, der einer Fernsehzeitschrift aus den 80-er Jahren des letzten Jahrhunderts entstammt. Dort erklärt Professor Stemme unter der Überschrift „Was wir alle von Boris und seinen Siegen lernen können" einige „schwerthafte" Eigenschaften näher. Da das Tennisspiel ja viel Ähnlichkeit mit einem Schwerterkampf hat und der damalige kometenhafte Aufstieg des jungen Boris Becker in vielen Menschen ein neues heroisches Bewusstsein entfachte, passen seine Ausführungen ganz gut zu unserer Thematik:

Ein Sprichwort sagt: Du darfst hinfallen, aber nicht liegen bleiben. Boris Becker fiel hin, verfehlte den Ball, rappelte sich blitzartig wieder hoch, traf den Ball doch noch und war wenig später Wimbledon-Sieger. Er hat, als er am Boden war, den schwierig zu spielenden Ball keine Sekunde lang aufgegeben. Sein Bezugsobjekt für die innere Anspannung und Konzentration war der Ball. Alle seine Energien waren konzentriert auf ihn gerichtet. Wir alle machen oft den Fehler, dass wir zu schnell eine Sache verloren geben. Innere Selbstgespräche von nur einigen Sekunden Dauer können uns um den angestrebten Erfolg bringen, weil sie Energien vom Augenblick wegnehmen und verschwenden: „Vorbei!, Das hat nicht geklappt!, Das war's!"

Boris Becker jedoch konzentriert sich auf seine Aufgabe anders: Hier, jetzt, in diesem Augenblick will ich gut sein. Nicht erst in ein paar Sekunden oder vielleicht in drei Minuten oder womöglich im nächsten Satz. Deshalb konnte er den schon verloren geglaubten dritten Satz im Finale von Wimbledon doch noch gewinnen.

Die Konzentration der Kräfte auf den Augenblick: Wem dies gelingt, der spürt den Erfolg auch bei der Hausarbeit, an seinem Platz im Büro oder an der Werkbank. Für Top-Manager gehört diese Arbeitsweise zum Prinzip. Sie erledigen auch kleinere Aufgaben mit voller Energie und fällen Entscheidungen sofort. Wer also seine Energien auf den nächsten Augenblick konzentriert, gewinnt sein Spiel. Und wer auf diese Weise Spiele gewinnt, wird ruhig, ausgeglichen, selbstsicher. Nicht nur auf dem Tennisplatz. Jeder Mensch tritt zuerst gegen sich selbst an, auch wenn er ein Problem mit dem anderen hat. Er muss Hemmungen, Erregungen oder Ängste überwinden, ehe er den äußeren Gegner zurückdrängen kann.[8]

Aufgrund der Tatsache, dass menschliches Bewusstsein und persönliche Identität in hohem Maße mit der Fähigkeit der Unterscheidung und der Teilung in polare Positionen verbunden ist, lässt sich das Schwert, das nicht nur zwei Schneiden hat, sondern auch zweizuteilen vermag, auch als ein Symbol des Denkens und des Bewusstseins auffassen. Ohne eine gut ausgebildete Fähigkeit zur denkerischen Unterscheidung bestünde unser Leben aus einem hoffnungslos verworrenen Knäuel verschwommener Wahrnehmungen, widersprüchlicher Gefühle und Bedürfnisse, unrealistischer Ideen und zerfahrener Gedanken. Unser Dasein gliche einem Labyrinth, durch das wir ziellos umherirrten, oder einem dunklen Chaos, dem das Licht der ordnenden Erkenntnis fehlt.

Von Alexander dem Großen wird berichtet, wie er das Problem des „Gordischen Knotens" löste. Der phrygische König Gorgios hatte einen komplizierten Knoten an einen dem Zeus geweihten Streitwagen geflochten. Es ging die Sage, dass demjenigen die Herrschaft über Asien gehöre, dem es gelinge, den Knoten zu lösen. Da offenbar nicht genau festgelegt worden war, mit welchen Mitteln dies zu geschehen hatte, soll Alexander der Große ihn im Jahre 333 vor unserer Zeitrechnung kurzerhand mit einem kräftigen Schwertstreich zerschlagen haben.

Als ich diese Geschichte als Junge in der Schule hörte, war ich enttäuscht. Diese Lösung kam mir zu einfach und zu drastisch vor. Ich hatte den Eindruck, dass sie nicht im Sinne des Erfinders gewesen sei. Ähnlich war es mir übrigens mit dem sprichwörtlichen „Ei des Columbus" gegangen. Als Antwort darauf, dass einige der Anwesenden eines Gastmahles sich damit rühmten, ihnen hätte die Entdeckung der Neuen Welt ebenso glücken können, soll Columbus ihnen die Aufgabe gestellt haben, ein Ei aufrecht auf den Tisch zu stellen. Als ihnen das nicht gelang, nahm Columbus das Ei, stellte es so hart auf den Tisch, dass sich seine Spitze eindrückte und es auf diese Weise stehen blieb.

Von Columbus hätte ich als Kind eigentlich etwas Besseres erwartet, irgendeine große heroische Handlung oder eine Art Wunder. Damals wusste ich noch wenig von den positiven Seiten einer solchen heroischen Psychologie. Bei Alexander dem Großen hatte ich mir wohl vorgestellt, er würde seine Aufgabe mit Hilfe seiner Intelligenz und seiner Geschicklichkeit lösen. Aber einfach so mit roher Kraft und einem Schwert?

Der psychologisch geschulte Leser wird an dieser meiner Reaktion ohne Schwierigkeiten meine aggressive Hemmung diagnostizieren können. Gerade deswegen aber hat mich die Alexandersche Lösung in ihrer Einfachheit doch auch tief beeindruckt. Und heute kann ich sie sogar bewundernd würdigen. Sie hat ohne Frage etwas Geniales an sich. Angepasste und konformistische Menschen würden wohl versuchen, auf den üblichen Wegen das Problem zu lösen, und „verstrickten" sich dadurch möglicherweise nur immer mehr in dieses hinein. Sie wagen es nicht, eine kraftvolle Entscheidung zu treffen und damit etwas zu tun, was „unerlaubt" im Sinne unseres kollektiven Denkens und Urteilen wäre. Anders dagegen der schöpferische Mensch. Er findet neue Lösungen deshalb, weil er wagt, auch das „Unerlaubte" und das „Tabuisierte" zu denken und zu tun.

Ohne Zweifel beruhen sehr viele seelische Störungen auf unserem mangelnden Mut zur Unterscheidung, zur Abgrenzung und Trennung, zur Aggression, Entschlossenheit und zur Entscheidung, denn das bedeutet ja immer wieder Konflikt, Risiko und Wagnis. So verbleiben wir lieber in der Sicherheit unserer familiären und nationalen Bindungen, alt gewohnter Standpunkte, Vorurteile und Programmierungen und in der Verworrenheit ungeklärter Beziehungen.

Neben diesen Aspekten gibt es noch zahlreiche andere Hinweise darauf, dass das Schwert auch als ein Symbol klarer Bewusstheit und höherer Einsicht verstanden werden kann. In der buddhistischen Psychologie beispielsweise wird das menschliche Dasein als eine Art „gordischer Knoten" aufgefasst oder auch als ein Netz leidvoller Bindungen und Verstrickungen, in das wir von der Spinne der Täuschungen, der Eitelkeit, der Triebhaftigkeit und der Unbewusstheit eingefangen und verwickelt werden.

Dementsprechend erhält das Schwert hier jene Bedeutung des lichtvollen Bewusstseins, das uns mit Hilfe der erlösenden Macht der Erkenntnis die Befreiung aus den Fesseln der Unwissenheit und das Erwachen aus dem Schlaf des Unbewusstseins bringt. Und wenn Jesus von sich sagt: „Ich bin nicht gekommen, Frieden zu bringen, sondern das Schwert"[9], dann scheint er auch auf diese erlösende Wirkung hinzuweisen.

Die menschliche Reife einer Kultur und Gesellschaft zeigt sich vor allem in ihrem Bemühen nach Erkenntnis und der Bereitschaft,

Abb. 10: Justitia mit Schwert und Waage (Gerechtigkeitsbrunnen, Frankfurt, 1887 nach Modell von F. Schierholz). Die Waage symbolisiert das feine, sorgfältige Abwägen von Recht und Unrecht, das Schwert die Genauigkeit, Klarheit und Härte der Entscheidung.

allen ihren Mitgliedern Gleichberechtigung und Gerechtigkeit widerfahren zu lassen. Die Entwicklung der Menschheit hat in dieser Hinsicht in den letzten Jahrtausenden einige Fortschritte gemacht. Während Hiob seine Freunde noch vor Gottes vergeltungssüchtigem Schwert als Ausdruck seines unberechenbaren Zornes und seiner ungerechten Willkür warnen musste[10], ist das Schwert in der modernen Rechtsprechung Sinnbild objektiven Urteilen, Richtens und Entscheidens.

Aber man muss gerechterweise hinzufügen, dass das Alte Testament auch viele Beispiele weisen Denkens enthält, zum Beispiel in den Zehn Geboten des Mose oder in der schönen Geschichte vom salomonischen Urteil. Dort hat das Schwert übrigens die doppelte Bedeutung einer primitiven und einer weisen Rechtsprechung. Zwei

Frauen behaupten, Mutter desselben Kindes zu sein. Salomo macht einen psychologischen Mutterschaftstest: Er lässt ein Schwert holen und befiehlt, das Kind zu zerteilen, damit jede Mutter eine Hälfte bekomme. Die wahre Mutter offenbart sich Salomo dadurch, dass sie auf ihre Kindeshälfte zugunsten des Kindes verzichtet. Damit wird das Schwert zu einem Symbol der Weisheit Salomos.

Wenn wir uns hier so ausführlich mit der Bedeutung des Schwertes beschäftigt haben, dann soll das die Wichtigkeit dieses Symbols hervorheben. Als schwer zu gewinnende Kostbarkeit weist es auf einen hohen Wert hin, der nach all dem, was wir gesehen haben, offenbar in einer engen Beziehung zur Entwicklung von Bewusstsein und Identität steht. Bewusste Menschlichkeit beginnt mit dem Menschen, der durchschnittlich gut mit sich selbst identisch ist, sich selber kennt und für sich und das Leben Verantwortung übernimmt. Deshalb könnte man bildlich gesprochen sagen, dass die erste Hauptetappe des Individuationsprozesses darin liegt, sich sein Schwert der Wehrhaftigkeit und Selbstbehauptung, der schöpferischen Aggressivität und Autonomie und der Konzentration und Entschlusskraft zu schmieden, damit man seine Identität zu finden und zu sichern vermag.

Die Kunst der Schildführung

Als Perseus zum Manne herangewachsen ist, übernimmt er die Aufgabe, dem König Polydektes das Haupt der Gorgone Medusa zu bringen. Die Gorgonen sind drei weibliche Wesen mit Furcht erregendem Aussehen. Sie werden in der Antike häufig mit Schlangen auf dem Kopf und um die Hüften herum, mit Eberfängen, mit grässlichem Grinsen und heraushängender Zunge, mit stierem Blick und eisernen Händen dargestellt. Wer ihr Antlitz erblickt oder wen die Blitze aus diesen Augen treffen, der erstarrt sofort zu Stein.

Weil es deswegen sehr schwierig ist, das Medusen-Haupt abzuschlagen, wird Perseus von Athene und Hermes unterstützt. Athene, die Göttin des Kampfes, des Sieges und der Weisheit, gibt ihm einen spiegelnden Schild, Hermes, der Götterbote und Seelengeleiter, ein Sichelschwert. Außerdem muss sich Perseus zuvor noch Flügelschuhe, eine Tarnkappe und eine magische Tasche besorgen.

Als er zu den schlafenden Gorgonen kommt, nähert er sich der Medusa, indem er sie nicht direkt anschaut, sondern sich an ihrem Spiegelbild in seinem Schild orientiert, und schlägt ihr den Kopf ab. Es wird auch erzählt, dass die Göttin Athene hierbei den Arm des Perseus führt. Den Kopf, der nach wie vor versteinernde Wirkung besitzt, steckt er in seine magische Tasche und flieht, wobei ihm seine Flügelschuhe und seine Tarnkappe helfen.

Später, als er an der Küste Philistias vorbeifliegt, sieht er eine nackte Frau, die an eine Klippe angekettet ist, und verliebt sich sofort in sie. Es ist Andromeda, die einem Meeresungeheuer geopfert werden soll. Unter der Bedingung, dass sie seine Gattin wird und mit ihm nach Griechenland zurückkehrt, tötet er das

Ungeheuer. Mit Hilfe des enthüllten Gorgonenhauptes entledigt er sich dann noch des ehemaligen Verlobten der Andromeda, der kommt, um seinen früheren Anspruch geltend zu machen. Perseus lässt ihn und seine Gefolgsleute zu Steinen erstarren. Er kehrt nach Hause zurück. Als ihm König Polydektes nicht glaubt, dass es ihm gelungen sei, das Gorgonenhaupt zu bringen, holt er es aus seiner Tasche und versteinert auch ihn und die ganze ungläubige Volksversammlung. Das Gorgonenhaupt weiht er schließlich der Göttin Athene, die es seitdem auf ihrem Schild trägt.

Der passiv erscheinende, aber segensreiche Schild spielt in den meisten Heldengeschichten keine dem Schwert vergleichbare Rolle. Das lässt sich aus der heroischen Einstellung heraus gut verstehen. Wenn man an einen Schild denkt, dann verknüpft man damit hauptsächlich Schutz, Verteidigung und Rückzug. Deshalb rühmt sich wohl kein Held gern der Kraft seines Schildes oder lässt die Kunst seiner Schildführung bestaunen. Einem übersteigerten heroischen Denken erscheint das Verwenden eines Schildes gar wie eine Schwäche.

Von Herakles beispielsweise wird berichtet, dass ihn die Götter vor seinen großen Taten mit allerlei Geschenken ausstatteten. Darunter war auch ein außergewöhnlicher, unzerbrechlicher Schild mit wertvollen Einlegearbeiten und eingebautem Abwehrzauber. Tatsächlich aber hat er davon kaum Gebrauch gemacht. Herakles, der ohnehin der mehr direkten, brachialen „Keulen-Psychologie" nahestand, besaß so viel Kraft, dass er wohl glaubte, auf einen Schild verzichten zu können. Vielleicht hätte ihn aber ein solcher vor seinen Jähzorns- und Wahnsinnsanfällen schützen können, denn, so werden wir gleich sehen, der Schild bietet nicht nur Schutz vor den Angriffen äußerer Feinde. Er hilft auch, Gefahren abzuwehren, die aus der Innenwelt drohen.

Die Kunst der Schildführung ist zwar unscheinbar, aber doch von höchstem Wert für uns. Um das Leben zu meistern, bedarf es nicht nur des Wissens, des Mutes und der Entschlossenheit, sondern auch der Fähigkeit, mit schwierigen Gefühlen, mit Kritik, Rückschlägen und Enttäuschungen fertig zu werden. Einen soliden Schutzschild zu besitzen und mit ihm geschickt umgehen zu können, das könnte psychologisch also heißen, genügend sicher in der eigenen Mitte verankert zu sein, einen sowohl festen als auch flexiblen Standpunkt gefunden zu haben, der es gestattet, mit ausreichender Gelassenheit und Besonnenheit auf die Angriffe der Mitmenschen sowie die „Schläge des Schicksals" zu reagieren, damit man von ihnen nicht allzu sehr aus dem Gleichgewicht geworfen wird.

In der Erzählung von Perseus erhält der Schild noch eine sehr tiefsinnige weitere Bedeutung. Er hat die Fähigkeit zu spiegeln und wird dazu verwendet, den versteinernden, bannenden Blick der Medusa zu brechen. Als Spiegel verhilft er Perseus zu einer reflektierten, objektiven Wahrnehmung der Gefahr, er ermöglicht ihm emotionalen Abstand, so dass er seine Angst bändigen und zu einer entschiedenen Handlung kommen kann. Damit ist die Fähigkeit zur objektivierenden Distanz, die ihm der spiegelnde Schild verleiht, Schutz und Waffe zugleich.

Bei dem schreckenerregenden Blick der Medusa handelt es sich um ein Symbol für tiefe, existenzielle Angstinhalte, die uns von innen oder außen bedrohen und unseren Leben-

Abb. 11: **Das Haupt der Mudusa, das sich auf dem Schild des Perseus spiegelt** (Caravaggio, nach 1590, Uffizien, Florenz). Die Tiefenpsychologie bringt das Medusenhaupt u. a. mit der unbewussten Angst des Mannes vor dem Weiblichen (Macht der Mutterbindung, Macht der Sexualität) in Zusammenhang.

sprozess lähmen. Zwar hat das Auge häufig positive Bedeutung, indem es Bewusstheit, Einsicht und Erkenntnis symbolisiert, ihm wurden aber auch zu allen Zeiten und in allen Kulturen negative „magische" Wirkungen zugeschrieben. Man glaubte, Menschen mit dem „bösen" Blick könnten andere Menschen und Tiere beeinflussen, krank machen und sogar töten. Noch heute sagen wir, wenn uns ein aggressiver Blick „trifft": „Wenn Blicke töten könnten [...]." Auch fällt es uns meist sehr schwer, den festen, starren Blick eines anderen Menschen lange auszuhalten.

Die angsterregende Wirkung des konzentriert auf uns blickenden Auges ist ein uraltes evolutionäres Erbe. Das intensive Angeblicktwerden bedeutet in der Tierwelt nämlich meist, dass sich ein Feind, der seine Beute zu fressen beabsichtigt, auf diese konzentriert. Verstärkt wird dieses bedrohliche Erleben noch dadurch, dass die Zuwendung beider Augen dann auch gleichzeitig mit einer Zuwendung und Öffnung der bedrohlichen Tötungs- und Fresswerkzeuge (Maul, Schnabel) verbunden ist. Viele schwächere Tiere profitieren von der instinktiven Angst vor dem starren Auge. Sie haben große Augenmuster auf ihrem Körper herausgebildet (z. B. der Pfau oder manche Schmetterlinge) oder ihre Augen sind besonders auffällig betont, so dass ihre Fressfeinde davon abgeschreckt werden.

Für uns Menschen aber beruht die magische Faszination der Augen noch auf anderen Ursachen, die weit in die früheste Kindheit zurück reichen. Das Anschauen des Gesichtes der ersten Bezugsperson und das Angeschautwerden sind für uns von allergrößter Bedeutung. Zwar spielt auch der Körper- und Hörkontakt eine wichtige Rolle, aber besonders der beständige Blickkontakt mit den Eltern ermöglicht uns, ein Gefühl dafür zu entwickeln, was für ein Mensch wir sind. Der wichtigste Augen-Blick in unserem Leben ist der, wenn wir an der warmen Brust der Mutter liegen und ihren liebevollen, stolzen Blick spüren. Im Angeschautwerden erfahren wir uns selbst.

Als Kind können wir schwer eine andere Identität erwerben als die, die uns im Auge und Gesicht unserer Umwelt gespiegelt wird.

Wie wir von den anderen gesehen werden, das erzeugt in hohem Maße das Bild von uns selbst. Werden wir von unseren Mitmenschen liebend, stolz und bewundernd angeschaut, dann werden wir uns für einen guten Menschen halten, werden wir nicht gesehen und nicht wahrgenommen, dann werden wir glauben, niemand und nichts zu sein, und werden wir widerwillig, ablehnend und verachtend angeschaut, dann fühlen wir uns böse, schlecht und als Versager. Im Blick der ersten Menschen unseres Lebens liegen Glanz und Elend unserer Existenz verborgen.

In der späteren Kindheit sagt uns dann der Blick der Eltern auch, was gut und was schlecht ist. Manche Eltern sind stolz darauf, dass sie ihre Kinder mit der Macht ihres Blickes lenken können. Meist handelt es sich dabei aber nicht um den liebevollen, beglückenden Blick, sondern um den kritischen, mahnenden, warnenden, strengen, bestrafenden, „bösen" Blick, der dem Kind zur Qual wird und es in seinen Albträumen verfolgt. Wenn der Blick unserer Eltern zu kontrollierend, zu eindringend und alles erforschend war, dann werden wir es später schwer haben, zu uns selbst zu finden, denn unsere Identitätsbildung ist auch, wie wir schon gesehen haben, auf Abgrenzung und damit auf Intimität und Geheimnis angewiesen. Wir werden uns dann ein Leben lang von einem allsehenden und allwissenden Auge beobachtet fühlen, und alle unsere Handlungen werden mit einem dauernden schlechten Gewissen, tiefer Verunsicherung und mit quälenden Scham- und Schuldgefühlen verbunden sein.

Eine verheiratete, in ihrer Ehe aber sehr unbefriedigte vierzigjährige Frau, in der viel ursprüngliches Leben unter einer allzu dicken Schicht moralischer Bedenken und familiärer Prinzipien verborgen war, träumte:

Ich habe mir heimlich ein kleines Mansardenzimmer gemietet. Dort treffe ich mich mit einem fremden Mann. Wir liegen zärtlich miteinander im Bett, und gerade in dem Moment, als wir miteinander schlafen wollen, geht die Tür auf, und meine Mutter kommt herein. Sie schaut mich überrascht an und sagt: „Kind, Kind, was machst du denn da?"

Diese innere Mutter folgte der Frau auch im alltäglichen Leben auf Schritt und Tritt, kommentierte ihre Handlungen, trieb sie zur ständigen Pflichterfüllung und Arbeit an und machte ihr selbst kleinste Vergnügungen zur Qual. Wie bei dieser Frau, so wirkt auch in unzähligen anderen Menschen die Angst Vorstellung: „Wenn das jetzt meine Eltern sähen …" oder „Wie erscheine ich in den Augen der anderen Menschen?" wie ein bannendes Medusenhaupt, das alle eigenständige Entwicklung lähmt.

Wie könnte uns denn ein spiegelnder Schild, wie ihn Perseus von Athene, der Göttin der Weisheit, bekommen hat, von diesem Albdruck befreien? Ein Spiegel reflektiert die Dinge so, wie sie sind. Im Gegensatz zu uns Menschen, die wir die Welt sehr selektiv wahrnehmen und das Wahrgenommene durch unsere meist unbewussten Gefühle, Interessen und Motivationen noch verfälschen, ist der Spiegel selbst unbeteiligt und unparteiisch, objektiv und neutral. Der Spiegel ist damit einerseits ein Symbol geistiger Klarheit und Erkenntnis, andererseits auch ein Symbol für eine bestimmte Haltung des objektiven Beobachtens, eines offenen Hinschauens auf die Dinge, wie sie sind (soweit wir das überhaupt jemals können).

Wenn es stimmt, dass es ohne eine emotionale Betroffenheit und Verwickeltheit keine tiefgehende Selbsterfahrung gibt, so gilt doch auch das andere, dass es keine Individuation und Wandlung gibt ohne die Fähigkeit, sich in ausreichendem Maße relativ „objektiv", aus einer gewissen Distanz beobachten zu können. Der Heldenweg bedarf eines kritischen Realitätsbewusstseins, das sich auf die Außenwelt wie auf unsere Innenwelt bezieht. Wir brauchen den spiegelnden Schild der „objektiven" Betrachtung, damit wir die äußere Realität ausreichend gut unterscheiden können von der seelischen Realität, von unseren subjektiven Vorstellungen und psychischen Vorgängen. Wenn das nicht gut genug gelingt, leben wir in einer Welt unauflösbarer Täuschungen. Wir glauben dann vielleicht, die Welt starre uns von überall her mit dem schrecklichen Antlitz der Medusa an, ohne zu merken, dass die Medusa eine generalisierte innere Angst ist, die wir früher einmal entwickelt haben und von der wir uns auch wieder befreien können.

Der erste Schritt zu einem guten Realitäts-Bewusstsein ist Selbsterkenntnis. Durch das ständige Bemühen, kaum erahnte oder zugelassene Gefühle, Ängste, Fantasien und Wünsche wahrzunehmen, zu fühlen, auszudrücken und zu formulieren also zu „objektivieren", entwickeln wir allmählich die zur Lebensbewältigung so ungemein wichtige Fähigkeit der Distanzierung. Das darf aber nicht mit den neurotischen Distanzierungen von sich selbst verwechselt werden, die durch Abspaltung und Verdrängung wesentlicher Gefühle und Persönlichkeitseigenschaften zustande kommen und die zu einer Selbstbetäubung und Abstumpfung führen. Die reife Distanzierungsfähigkeit zeichnet sich dagegen gerade dadurch aus, dass die Eigenart des eigenen Wesens immer mehr und deutlicher wahrgenommen werden darf. Das Ich-Bewusstsein besitzt durch die Fähigkeit seines „spiegelnden Schildes" die Kraft, der ganzen Wahrheit seiner Persönlichkeit ins Auge zu schauen.

Der zweite Schritt zum Realitäts-Bewusstsein ist das Bemühen um Gerechtigkeit und „Objektivität" gegenüber der Außenwelt. Anstatt festgelegt zu sein auf unsichere Vor-Urteile und Meinungen über unsere Mitmenschen und die Sachverhalte der Welt, können wir unseren spiegelnden Schild auf Hochglanz polieren, indem wir uns immer wieder neugierig fragen: „Wie ist denn die Sache wirklich?" oder „Was will mir mein Mitmensch denn wirklich sagen?" Das gleich dem Vorgehen eines guten Wissenschaftlers, Kriminalisten oder Richters, der kein Urteil abgibt, bevor er seinen Fall nicht gut kennt.

Es ist eigentlich merkwürdig: Wir schauen uns gerne verzwickte Kriminalfälle an und haben Spaß am klaren Denken und dem Spürsinn des Detektivs. Wir genießen es, zusammen mit ihm etwas Verborgenes „herauszukriegen". In unserem Alltagsleben aber, wo es so viele interessante, ungelöste Probleme gibt, bleiben wir lieber bei unseren einfachen Vor-Urteilen und Denkschablonen. Wie viel aufregender könnte unser Leben sein, wenn wir unseren spiegelnden Schild des sachlich-objektiven Erkennens immer wieder aufs Neue einmal nach außen, einmal nach innen richten würden mit dem Satz: „Ich habe eigentlich keine richtige Ahnung von der Sache. Ich möchte jetzt gerne verstehen, um was es sich dabei wirklich handelt."

Wenn uns diese Einstellung gerade auch in schwierigen Lebenssituationen zur Gewohnheit werden würde, könnten wir es zur Meisterschaft in der Kunst der Schildführung bringen. Sogar in Situationen, in denen wir selbst angegriffen werden, vermittelt uns eine solche Einstellung einen unpersönlichen, wenig verletzbaren Standpunkt, der das Beste aus der Situation zu machen vermag. Unsere ganze Aufmerksamkeit und Energie, die sonst durch heftige Affekte, Verteidigungs- und Rechtfertigungsreden abgelenkt wird, kann sich ungeteilt auf das Problem konzentrieren.

Das Grundprinzip der Kunst der Schildführung ist damit, sich nicht hinein verwickeln zu lassen in die „gegnerische" Emotion oder Aktion. Das funktioniert beispielsweise so, dass man sich ihr interessiert zuwendet und versucht, mit ihr ruhig ins Gespräch zu kommen, ähnlich, wie man sich beispielsweise einem böse knurrenden Hund gegenüber verhält.

Stellen wir uns eine Situation vor, in der uns ein anderer Mensch unerwartet mit einer Kritik angreift. Anstatt uns nun gleich zu rechtfertigen oder einen Gegenangriff zu starten, ändern wir unseren gekränkten oder beleidigten Standpunkt und wechseln neugierig ins feindliche Lager über. Wir fragen uns: „Was will er mir eigentlich sagen? Was kann ich Neues lernen?" und fragen ihn: „Wie meinen Sie das?" So zu reagieren ist zugegebener weise nicht einfach, aber von verblüffender Wirkung. Der erste Angriff ist abgewehrt, wir finden Zeit zum Luftholen und zum Abstand-Gewinnen.

Wenn dann der andere Mensch noch einmal seine kritischen Argumente vorbringt, versuchen wir sie, so gut es geht, zu verstehen. Wir fragen nach, lassen nicht locker, bis wir wissen, was er sagen wollte. Auch das ist recht schwierig, weil es unangenehm ist, über sich Negatives zu hören und dabei ruhig zu bleiben. Aber bei einiger Übung können wir es schaffen.

Meist aber machen wir im nächsten Schritt alles wieder zunichte, indem wir dann doch offen oder verdeckt zum Gegenschlag übergehen. Wir rechtfertigen uns, versuchen dem anderen zu vermitteln, dass sein Argument schwach sei, dass alles mit uns wenig zu tun habe. Manche Partner, die in Kommunikationstrainings den ersten Schritt des Zuhörens gelernt haben, versagen im zweiten Schritt, der darin besteht, dem anderen seine Würde und die Berechtigung für seine Sichtweise zu belassen. Sie sagen dann beispielsweise: „Was du da sagst, habe ich verstanden, aber ich glaube, das ist nur dein Eindruck von mir" womit sie dem anderen vermitteln, sein Eindruck habe nichts mit der Wirklichkeit von ihnen zu tun und sei ganz allein sein Problem – oder schlimmer noch –, sie werfen ihm vor, seine Kritik sei eine Projektion eigener unbewusster Seiten. Damit machen sie jede weitere Verständigung unmöglich. Natürlich ist das, was der andere über uns sagt, was ihn an uns ärgert, immer auch seine Erlebensweise und hat etwas mit seinen Projektionen und seinen eigenen Problemen zu tun. Diese Tatsachen allein aber besagen wenig darüber, ob er mit seiner Kritik nicht dennoch Recht haben könnte.

Der nächste Schritt wäre also, den Standpunkt des Gegners ernsthaft anzuerkennen, ihn auf keine Weise herabzuwürdigen oder abzuschwächen. Wir vermitteln ihm, dass er berechtigte Gründe für seine Argumente hat und dass wir interessiert daran sind, die Angelegenheit so gut wie möglich zu klären. Wenn wir uns sicher sind, dass wir nicht bloß einer blinden Rechtfertigung verfallen, dann können wir jetzt unseren Standpunkt aus unserer Sicht darlegen und mit ihm verhandeln. Aber das ist manchmal noch verfrüht. Besser ist es, etwas abzuwarten, Distanz zu gewinnen. Wir könnten beispielsweise sagen: „Das kam jetzt überraschend für mich. Ich glaube, ich kann dazu noch nichts sagen. Ich muss mir erst meine Gedanken darüber machen. Am besten scheint mir, wir sprechen morgen noch einmal darüber."

Eine andere Möglichkeit ist, den anderen zu fragen, wie man denn jetzt mit der Angelegenheit weiter verfahren solle. Ob er an weiteren Überlegungen dazu interessiert sei und ob er den eigenen Standpunkt dazu hören möchte. Man lässt ihn am Zuge sein und hat doch die Zügel nicht aus der Hand gegeben.

In der objektivierenden Kraft des spiegelnden Schildes ist eine der reifsten Fähigkeiten des Menschen symbolisiert. Wenn es eine Fähigkeit gibt, die Dämonen der Angst, der Täuschung und der Zwietracht zu bannen, dann ist es diese. Sie bildet die Grundlage für Wahrheitsliebe, Gerechtigkeit, Toleranz, Güte und Weisheit.

Das scheint auch in der hohen Bedeutung des Schweigens ausgedrückt zu sein, wie sie sich in den alten Einweihungsvorschriften und Meditationsanweisungen findet, uns aber auch sprichwörtlich bekannt ist. „Lerne schweigen, o Freund. Dem Silber gleichet die Rede, aber zu rechter Zeit schweigen ist lauteres Gold." (J. G. Herder zugeschrieben)

In einem früheren Kapitel waren wir der vierfachen Formel des Helden: Wissen, wagen, wollen, schweigen begegnet. Die Fähigkeit des Schweigens, wie sie vom Helden gefordert wird, lässt sich gut mit der Kunst der Schildführung vergleichen. Das Schweigen hat viele ähnliche Aspekte und Funktionen. Es kann dem Selbstschutz dienen, der Tarnung, dem Rückzug, der notwendigen Geheimhaltung und Abgrenzung gegenüber der störenden Einmischung anderer. Es kann auch auf ein hohes Maß an Selbstkontrolle hinweisen, durch die man seine inneren Spannungen auszuhalten vermag, ohne sie zu verdrängen oder blindlings abzureagieren.

In seiner höchsten Form ist das Schweigen des Helden Ausdruck eines überpersönlichen Standpunktes von Objektivität, von Gelassenheit und Lebensbejahung. Aus dem Loslassen von übermäßiger Wichtigkeit, Ernsthaftigkeit und Besonderheit und dem Zugestehen eigenen Nicht-Wissens, eigenen Fehlens und Irrens, entsteht ein Zustand von Offenheit und geistiger Freiheit, in dem störende innere Dialoge, Rechtfertigungen und Abwehrkämpfe zur Ruhe kommen. Der Geist wird still, weil es zunehmend weniger Persönliches zu verteidigen gibt. Die überpersönliche Aufgabe oder die höhere Erkenntnis kann dann ins Zentrum der Aufmerksamkeit rücken.

Abb. 12: Jakobs Traum (Jose de Ribera, 1639, Museo del Prado, Madrid). Neue Ideen kommen oft in solchen Momenten, in denen das Wachbewusstsein herabgesenkt ist, z. B. in der Nacht, in Träumen, beim allmählichen Erwachen, in entspannten Situationen oder wenn unser Denken gerade einmal nicht mit der Bewältigung von Alltagsproblemen beschäftigt ist und seine Kontrolle loslässt.

Die Berufung –
Der Ruf der inneren Stimme

Nachdem sich die Helden und Heldinnen ausreichend gut vorbereitet haben, erhalten sie ihren „höheren" Auftrag, bei dem es sich um eine kollektive Not handeln kann oder um eine innere Be-Rufung oder Vision. Die idealtypischen Helden wissen oft schon seit früher Jugend von ihrer wahren Be-Stimmung und verfolgen sie auch als Erwachsene beharrlich. Andere – mehr realistische – Heldengestalten der mehr „kaputten", „gebrochenen" Art sind nach einer Reihe von Schicksalschlägen in Agonie, Depression und Sucht gefallen und müssen erst mühsam zu erneutem heroischem Verhalten motiviert werden.

Beide Typen – natürlich mit vielen Zwischenstufen – gibt es auch im realen Leben: Die begabten, früh begünstigten und geförderten Menschen und diejenigen, die vielen inneren und äußeren Widerständen zum Trotz zu ihrer wahren Berufung finden. Ein solcher Aufruf oder „Weckruf" kann dann für solche Menschen scheinbar wie ein Hilferuf von außen auf sie zukommen, durch eine Krise, eine Notsituation, ein längeres, tiefes Leiden, durch die sie dann geradezu gezwungen werden müssen, sich zu besinnen, ihre Kräfte zu sammeln und ihr Bestes zu geben.

Häufig kommt „der Ruf" aber auch eher leise: als heimliche, immer wieder verdrängte Sehnsucht, als unbestimmter Wunsch, irgendwie aus eingefahrenen Geleisen herauszukommen, als peinliche Größenfantasie, als zunehmende Langeweile und Depressivität, als sich häufende Fehlleistungen und Missgeschicke, psychosomatische Reaktionen und Erkrankungen oder auch in manchen deutlichen Träumen, die zeigen, dass es so nicht weitergeht oder dass es noch einen Drang in uns gibt, die Grenzen unserer bisherigen Lebens zu überschreiten.

Der folgende Traum stellt eine fast klassische Helden-„Nachtmeerfahrt" mit den entsprechenden Hindernissen dar und ist damit auch für eine Vielzahl von Lebensschwierigkeiten und deren Überwindung gültig. Die Träumerin steckt in einer Ehekrise, die zum Teil durch ihre Angst vor Eigenständigkeit bestimmt ist.

Ich bin nachts mit meinem Mann auf einem See. Wir fahren in einem kleinen Boot, in einiger Entfernung treiben noch zwei weitere. Unser Fährmann ist ein kleiner, buckliger Mann mit einem klugen, ernsten Gesicht [...].

Dann setzt plötzlich Sturm ein, die Boote werden hin und her geworfen. Es besteht äußerste Lebensgefahr. Der Fährmann ist verschwunden, es blitzt und donnert. Unser Boot ist schwer, es trägt nur einen. Es ist auch nur ein einziges Ruder da. Mein Mann rudert mit Anstrengung. Den Platz wechseln, um ihm zu helfen, ist unmöglich. Auf einmal weiß ich, was zu tun ist.

Ich stürze mich ins Wasser, kämpfe mich mit aller Kraft zu dem zweiten Boot durch und erreiche es auch glücklich. In dem Augenblick, wo ich die Ruder ergreife, legt sich der Sturm. Die beiden Boote fahren Seite an Seite. Mit sanftem Brausen geht die Sonne auf. Wir landen. Am Ufer steht der Fährmann. Er sagt: „Zwei sind mehr denn eines. Und jede Einheit hat ihren Sinn in der Zweiheit, die ihre Wurzel ist."

Die Bootsfahrt in der Nacht symbolisiert, wie wir bereits gesehen haben, häufig einen Zustand von seelischer Dunkelheit, von Desorientierung und Ziellosigkeit. Die Träumerin spürt, dass ihre Partnerschaft in eine Krise geraten ist, und sie weiß nicht, wie es weitergehen soll. Immerhin ist aber anfangs ein geheimnisvoller Fährmann dabei, der vermutlich schon viele solcher Nachtmeerfahrten hinter sich gebracht hat. Er ist wohl eine Gestalt des archetypischen

„Alten Weisen", wie sie in so vielen Märchen und Mythen in gefährlichen Situationen plötzlich erscheint und dem Suchenden hilfreich zur Seite steht. Er repräsentiert eine tiefere, unbewusste Weisheit im Menschen, die dann wirksam wird, wenn er mit seinen gewohnten Einstellungen und Haltungen in eine Sackgasse geraten ist.

Die Lösung der Problematik der Träumerin wird schon in den beiden Booten angedeutet, die in einiger Entfernung treiben. Aber wahrscheinlich hat sie zunächst noch nicht den Mut, eine Entscheidung zu treffen. Die Krise muss sich erst noch zuspitzen. Ein lebensgefährlicher Sturm setzt ein, bis ihr klar wird, wie sie sich verhalten muss. Auch der Fährmann ist dann verschwunden, was darauf hinweist, dass jetzt alles auf ihre bewusste Entscheidung ankommt, die ihr von niemandem abgenommen werden kann. Sie wagt den „Sprung ins kalte Wasser" und schwimmt zu dem zweiten Boot.

In dem Moment, als sie es riskiert hat, ihren Lebensprozess in die eigenen Hände zu nehmen, löst sich der Konflikt. Der Sturm legt sich, die Sonne geht auf (das könnte geradezu aus einem heroischen Film mit entsprechender strahlender Musik stammen!) und damit findet sie neue Orientierung und tiefere Einsicht. Die Träumerin muss offenbar lernen, sich aus einem symbiotischen Einheits- und Verschmelzungszustand mit ihrem Mann herauszulösen und zu einer partnerbezogenen Autonomie, einer Zweiheit in der partnerschaftlichen Einheit zu finden.

Natürlich sind viele unserer Träume, die wir nachts haben, keineswegs symbolisch so klar und lösungsorientiert. Vielmehr scheint es so zu sein, dass wir längere Zeit mit einem Thema umgehen müssen, bis sich nach und nach etwas mehr Klarheit bezüglich unserer „wahren" Wünsche und weiterer Lebensgestaltung ergibt. Auch unsere unbewussten kreativen, selbstregulativen Kräften haben nicht gleich eine passende Antwort parat. Sie brauchen Zeit, sich mit einem Thema zu beschäftigen und es in allen möglichen Fantasien, Ideen und Traumsymbolen zu umspielen. Von daher versteht man in der Regel Träume erst mal gar nicht, kann sie auch kaum in

Bezug mit sich selbst bringen und erst, wenn man sich längere Zeit auf sie eingelassen hat, sie aufgeschrieben, vielleicht sogar gestaltet hat, erkennt man an den sich wiederholenden und variierenden Mustern und Themen das sich allmählich zentrierende und heraus kristallisierende Hauptthema.

In unseren Sehnsüchten und Wünschen steckt eine von uns oft kaum erahnte Macht und Kraft. Deshalb ist es für das schöpferische Leben so wichtig, sie zu kennen und den konstruktiven unter ihnen Raum zur Entfaltung zu geben.[11] Aber so einfach, wie es in manchen Erfolgsbüchern beschrieben wird, die die wunderwirkende Kraft des positiven Denkens, Wollens und Glaubens, der Imagination und der suggestiven Selbstbeeinflussung preisen, lassen sie sich nicht verwirklichen. Man kann sich nicht einfach hinsetzen, intensiv an seine Wünsche denken, sie ständig autosuggestiv wiederholen und dann auf ihre magische Erfüllung hoffen. Die Gesetzmäßigkeiten, die mit der Kraft des Wünschens zusammenhängen, sind subtiler und vielschichtiger, als es nach den Rezepten solcher Bücher erscheint.

In Publikationen zur erfolgreichen Lebensmeisterung wird meist an Beispielen erfolgreicher und berühmter Persönlichkeiten dargestellt, welchen tiefgreifenden und entscheidenden Einfluss deren Wünsche, Fantasien und Imaginationen auf ihr Leben hatten. Aus diesen durchaus zutreffenden Beobachtungen wird dann irrtümlich abgeleitet, dass wir Normalmenschen genauso erfolgreich und berühmt sein könnten, wenn wir unsere Wunschkraft nur entsprechend entwickelten. Dabei aber werden viele andere Einflussgrößen, die zur Berühmtheit von beispielhaften Persönlichkeiten beitragen, nicht berücksichtigt, wie zum Beispiel die jeweilige sozial-gesellschaftliche Situation, der herrschende gesellschaftliche Zeitgeist, der empfänglich für bestimmte Ideen ist und für andere nicht, und verschiedene wichtige Persönlichkeitsfaktoren wie Begabung, Intelligenz, Ausdauer und Geduld.

Vor allem aber wird das Problem der Motivation nicht differenziert genug gesehen. Die Wünsche und Fantasien der berühmten

Menschen sind aus keinen rational überlegten oder bewussten Vorsätzen, Selbstprogrammierungen oder Autosuggestionen entstanden. Sie sind nicht gewissermaßen von außen durch einen Willensakt eingeübt worden, sondern aus der Mitte ihrer Persönlichkeit erwachsen und haben von hier aus ihren meist unwiderstehlichen Einfluss geltend gemacht. Die großen Persönlichkeiten waren weitaus eher Opfer, manchmal sogar tragische Opfer ihrer Wünsche, als deren bewusste Verursacher und Macher. So schrieb C. G. Jung, der ein überaus umfangreiches Lebenswerk hinterlassen hat, in seinen Erinnerungen:

> *Ich hatte alle Mühe, mich neben meinen Gedanken zu behaupten. Es war ein Dämon in mir, und der war in letzter Linie ausschlaggebend. Er überflügelte mich, und wenn ich rücksichtslos war, so darum, weil ich vom Dämon gedrängt wurde. Ich konnte mich nie aufhalten beim einmal Erreichten. Ich musste weitereilen, um meine Vision einzuholen. Da meine Zeitgenossen begreiflicherweise meine Vision nicht wahrnehmen konnten, so sahen sie nur einen sinnlos Davonlaufenden.*

> *Ich habe viele Leute vor den Kopf gestoßen; denn sobald ich merkte, dass sie mich nicht verstanden, war der Fall für mich erledigt. Ich musste weiter. Ich hatte – außer bei meinen Patienten – keine Geduld mit den Menschen. Immer musste ich dem inneren Gesetz folgen, das mir auferlegt war und mir keine Freiheit der Wahl ließ.*[12]

Wir stehen hier vor dem in psychischen Zusammenhängen immer wieder anzutreffenden, aber auch immer wieder übersehenen Phänomen, dass es weniger darauf ankommt, was und wie einer etwas macht, sondern *wer* es macht. Die Persönlichkeit und ihre Eigenart ist das Entscheidende und weniger die von ihr angewandte Methode. Bei den Persönlichkeiten, die wir uns zum Vorbild nehmen, stand am Anfang immer ein – vielleicht durchaus vager – Drang, eine noch undeutliche Fantasie, von der die ganze Persönlichkeit ergriffen oder beseelt war. Und dieser leidenschaftliche Drang war es, der sich dann auch die geeignete Methode oder Technik suchte, mit der er sich verwirklichen konnte. Natürlich haben die Vorbild-Persönlichkeiten auch von anderen Menschen und Vorbildern gelernt, aber dieses Lernen war immer ein vom primärer Wunsch her geleitetes Lernen. Es wurde das gelernt, was der Verwirklichung der Sehnsucht diente.

Diese Verwechslung von Ursache und Wirkung ist schuld an manchen Enttäuschungen und Misserfolgen bei unseren Versuchen, zu einem erfüllten Leben mit Hilfe von speziellen Methoden und Übungen zu finden. Wie häufig haben wir versucht, ein Ideal, eine Methode oder einen Vorsatz, die wir in einem Buch gelesen oder von einer Vorbildpersönlichkeit gehört haben, für uns selbst zu realisieren und sind dann aber nach einigem Bemühen gescheitert. Das wiederholte Scheitern dieser Vorsätze lässt uns resignieren, nimmt uns die Kraft und den Mut, an uns selbst zu glauben. Wir denken, die bewunderte und erfolgreiche Vorbild-Persönlichkeit habe sich mit der von ihr verwendeten Methode genauso anstrengen müssen und habe nur deshalb nicht versagt, weil sie eben stärker und disziplinierter sei als wir. Wir nehmen nicht genügend wahr, dass der entscheidende Unterschied zwischen der Vorbild-Persönlichkeit und uns vor allem darin liegt, dass sie einfach leidenschaftlicher das zu tun wagt, was *ihrem Wesen* entspricht. Wir hingegen versuchen, etwas zu tun, was möglicherweise überhaupt nichts oder höchstens in abgewandelter Form wirklich etwas mit uns selbst zu tun hat.

„Dies über alles: sei dir selber treu!"[13] Das Wichtigste für unseren eigenen Heldenweg scheint deshalb zu sein, nicht dem Willen oder den Vorstellungen Anderer zu folgen, sondern unsere ureigensten Wünsche herauszufinden und uns auf die Verwirklichungskraft dieser wirklichen Wünsche zu setzen. Wenn sie wirklich im Einklang mit unserer momentanen Bedürfnislage stehen, und wenn wir ihnen nur ausreichend Beachtung und Engagement zu ihrer Realisierung schenken, werden sie ihre Mittel und Wege finden, um sich zu realisieren.

Die einfachste und wichtigste Methode, um zu unseren wahren Wünschen zu finden, ist die folgende Frage, die wir uns fortwährend, tagsüber, beim Einschlafen und beim Aufwachen stellen können: „Was will ich eigentlich wirklich wirklich?" (Die Verdoppelung des „wirklich" ist hierbei beabsichtigt, weil sie uns erinnern soll, nicht an der Oberfläche stehen zu bleiben, sondern nachdrücklich und leidenschaftlich bis zum inneren Kern unseres Wünschens und Wollens hin zu fragen. (vgl. dazu auch Müller[14]).

Und, wenn wir den Mut haben, wirklich hinzuhören oder hinzuspüren, was „es" – das Gefühl, das „Herz", der „Bauch" – in uns wirklich will, dann bekommen wir irgendwann auch eine ziemlich klare Antwort – was natürlich nicht heißt, dass wir dann auch gleich wüssten, wie wir die Antwort, unseren „wahren" Willen, konkret umsetzen und leben könnten. Viele Menschen ahnen schon ganz gut, was sie wirklich wollen, glauben aber, es gebe keine Möglichkeit, dies auch zu verwirklichen. Manchmal gibt es dafür auch keine Möglichkeit, manchmal ist es aber auch nur eine unbestimmte Angst vor dem Unbekannten und Neuen, die uns davon abhält, unseren Wunsch wirklich zu spüren.

Und oft wird vergessen, dass es auch noch den weiten Raum der Fantasie und Imagination gibt. Und es gibt die Kunst, die Literatur, die Filme, das Spielen. Zumindest dort könnten wir ungestraft versuchen, unsere eigentlichen wahren Wünsche zu leben: „Die Gedanken sind frei ..."

Abb. 13: Perseus auf dem Flügelpferd Pegasus befreit Andromeda
(Giuseppe Cesari, 1596, Gemäldegalerie Berlin). Aus dem Blut der
geköpften Medusa entsteigt das Flügelpferd Pegasus. Pegasus, das häufig
der Weisheit und der Fantasie der Dichtkunst zugeordnet wird, stellt eine
schöne Verbindung zwischen den körperlich-triebhaften und den intu-
itiv-geistigen Seiten von uns da. Die gute Beziehung zum Körperlichen
steht nicht in einem sich ausschließenden Gegensatz zur Welt des Geistigen, sondern ist vielmehr ihre notwendige Basis.

Unser Krafttieres:
Der Körper als Freund

Tags darauf ging Sigurd in den Wald, wo die Pferde des Königs weideten, und begegnete dort einem graubärtigen Mann, den er nicht kannte. Der Alte fragte den Knaben, wohin des Wegs, und Sigurd antwortete: „Ein Ross aussuchen; willst du mir dabei helfen?" Sie gingen, bis sie die Pferde fanden, und der Alte riet dem Knaben: „Jag' sie in den Fluss, dann wird's sich zeigen, welches das beste ist!" Sie taten es, und als das Rudel in die reißende Strömung kam, kehrten alle um, nur eines nicht: ein junger, starker, grauer Hengst, dessen Rücken noch niemand bestiegen hatte. Spielend durchschwamm er den Strom und kam im Bogen zurück, um wiehernd ans Land zu springen. Ihn nahm Sigurd, und der Alte sprach: „Das ist der rechte, er stammt von Sleipnir ab, dem Hengste Odins, und wird das beste aller Rosse werden." Damit verschwand er. Sigurd führte das Ross heim und nannte es Grani.[15]

Bevor der Held sich seiner eigentlichen Aufgabe widmet, hat er häufig eine Reihe von „Vorarbeiten" zu leisten, die man auch als eine Art „Gesellenstück" ansehen könnte. In diesen „Vorarbeiten" erwirbt er sich seinen letzten heroischen „Schliff". Oft handelt es sich dabei um das Töten von Ungeheuern und gefährlichen Tieren. Der babylonische Held Gilgamesch und sein Schattenbruder Enkidu erstechen beispielsweise den von der zornigen Göttin Ischtar geschickten Himmelsstier, Herakles erwürgt bereits in der Wiege zwei von Hera gesandte Schlangen, die ihn töten sollten, und im Alter von siebzehn Jahren erlegt er einen Löwen mit nur einer Hand. Ähnliches wird von vielen anderen Helden erzählt. Diese Vorarbeiten lassen sich in vielen Fällen nicht deutlich von der Hauptarbeit unterscheiden, weil es auch in dieser häufig um die Überwindung

eines ungeheuerlichen Tieres geht. So muss Herakles auch in seinen zwölf Haupttaten verschiedene wilde Tiere überwinden, zum
Beispiel einen gewaltigen Löwen, die vielköpfige Wasserschlange
Hydra, eine Hirschkuh mit goldenem Geweih, einen riesigen Eber
und den kretischen Stier. Indem wir auch hier wieder von der möglichen historischen Bedeutung dieser Taten als kultische Fruchtbar-
keits-, Königs-, Hochzeits- und Initiations-Rituale absehen, wollen
wir uns hier mehr fragen, was jene Tiergestalten denn symbolisch
ausdrücken könnten, wenn sie in unseren Fantasien und Träumen
erscheinen.

Und sie erscheinen relativ schnell, sobald man die ersten Schritte
gemacht hat, sich der unbewussten seelischen Innenwelt gegenüber
zu öffnen. Wir werden von großen, schwarzen Hunden verfolgt und
gebissen; eine Schlange lauert in der dunklen Ecke eines Zimmers
auf uns, ein wildgewordener Stier rast mit gesenkten Hörnern auf
uns zu, und ein riesengroßer Tintenfisch hat sich in unserer Bade-
wanne niedergelassen und wartet dort auf Beute.

Zunächst repräsentieren solche Tiere gewöhnlich unsere starken
Ängste und bedrohlichen Emotionen, die sich einstellen, wenn
wir versuchen, uns unserer inneren, unbewussten Wirklichkeit zu
nähern. Wir mussten ja häufig aus existentiellen Gründen unsere
wahren Gefühle und Wünsche verdrängen oder sie vor anderen ver-
heimlichen.

Die gleiche tiefe Angst, die damals zur Abwehr und Tarnung dieser Seiten unseres Wesens geführt hat, wird natürlich mobilisiert,
wenn wir uns nun mit ihnen auseinandersetzen wollen. Wie übermächtige, verschlingende, tötende Tiere, denen wir hilflos ausgesetzt
sind, erscheinen sie uns dann. Erst allmählich, wenn wir Vertrauen
zu unserer Eigenart gewonnen haben und immer mehr bereit sind,
uns anzunehmen, ohne uns zu kritisieren, zu demütigen und zu ver-
urteilen, lernen wir, diese Ängste näher anzuschauen, kennen zu lernen und ihre Ursprünge wahrzunehmen. Auf diese Weise zähmen
wir die wilden Tiere in uns. Mit der Angst vor unserer seelischen

Wirklichkeit umgehen zu lernen, ist deshalb eine der nötigen „Vorarbeiten" für den Individuationsprozess.

Wilde Tiere symbolisieren aber nicht nur unsere übermächtigen, instinktiven Ängste vor eigenen unterdrückten und verdrängten seelischen Inhalten, sie können diese Inhalte auch selbst darstellen. Immer scheint es sich dabei um besonders vitale, körperliche, instinktive, sehr ganzheitlich uns ergreifende Energien, Triebe und Bedürfnisse zu handeln.

Am Stier etwa bewundern wir seit Urzeiten seine ungebändigte Kraft und Vitalität, seine zeugerische Wucht und Potenz, wir fürchten seine überrollende Aggressivität. Aus diesen Gründen wurde er in alten Zeiten als der große Befruchter und Träger der Lebenskraft angesehen und mit dem Tosen der Wasserfluten verglichen. Ihn zu überwinden bedeutete, seine blinde Destruktivität zu überwinden, seine Energie und Fruchtbarkeit für den Menschen nutzbar zu machen. Deshalb entsteht beispielsweise in der Mithrasreligion aus dem Rückenmark des getöteten Urstieres das Getreide und aus seinem Blut der Weinstock. Viele alte Kulte stellten die Bändigung und Überwindung des Stieres als Bändigung der Naturkräfte dar. Überreste davon finden sich noch im Stierkampf. Wäre es aber inzwischen nicht besser, man würde den symbolischen Charakter dieser alten Tradition besser verstehen, so dass es nicht mehr nötig wäre, wirkliche Stiere zu quälen und zu töten? Und wäre es nicht viel besser, wir würden lernen, unsere archaischen Seiten in uns selbst zu kennen und zu zähmen, anstatt sie nach außen auf Tiere zu projizieren?

Am Löwen bewundern wir ebenfalls seine Stärke. Seine majestätische Erscheinung, sein intensiver Blick, sein mächtiges Gebrüll machen ihn zum „König der Tiere". Aufgrund dieses „Königlichen", seiner sonnenstrahlähnlichen Mähne und seines goldgelben Felles wurde er häufig mit göttlichen Gestalten und der Sonne in Verbindung gebracht, was wiederum eine enge Beziehung zum Helden herstellt, dessen eines Grundsymbol ja auch die Sonne ist.

Abb. 14: Herakles und die Hydra (Antonio Pollaiuolo, 3. Drittel 15. Jh.). Bei Herakles kommt die Integration des Krafttieres darin zum Ausdruck, dass er das Fell des von ihm überwundenen Löwen zu seinem Umhang macht. Er schlüpft damit symbolisch in das mächtige Tier hinein und nimmt an dessen Kraft teil.

Wenn er mit dem Feuer verglichen wird, will man seinen dynamischen, seinen leidenschaftlich triebhaften Aspekt, seine hohe emotionale Intensität ausdrücken. Er ist ein beliebtes Wappentier, das Stärke, Mut und Macht repräsentiert. Ihn zu überwinden heißt, weil er ja das höchste Tier ist, das Tierhafte schlechthin zu integrieren.

Es gibt aber noch andere Integrationssymbole. Von Sigurd werden wir später erfahren, dass er durch die Essenz des Herzens von dem getöteten Drachen Fafnir auf einmal die Sprache der Vögel verstehen kann, also einen Zugang zur Weisheit der Natur findet. Und als er das Drachenherz gegessen hat, fühlt er, wie Kraft und Mut ihn doppelt durchströmen. Sein germanischer Heldenbruder Siegfried badet im Blut des Drachen und wird dadurch bis auf eine kleine Stelle am Rücken unverletzbar.

Im Schamanismus, der engste Beziehungen zum Heldenweg und zum Individuationsprozess aufweist, unterzieht sich der Schamane langen Ritualen und Seelenreisen, um sein „Krafttier" zu finden. Dieses „Krafttier" verbindet ihn mit der Tierwelt, und im Austausch mit ihm erlangt er Schutz, Kraft, Gesundheit und Weisheit.

Durch den seelischen Integrationsprozess werden uns die Energien, die zuvor in den feindlich erscheinenden und damit vom Bewusstsein abgespaltenen Tiergestalten gebunden waren, für ein ganzheitlicheres Leben verfügbar. Da Tiere aus einer ursprünglichen instinktiven Ganzheit heraus leben, nicht mit sich selbst uneins sind, weisen sie in unseren Träumen immer auf unsere eigene potenzielle Ganzheit hin, die eine Einheit von Körper, Seele und Geist ist.

Unsere technisierte Zivilisation lässt uns aber nur noch wenig Raum zum Ausleben unserer Tierseele. Viele Menschen scheinen überhaupt vergessen zu haben, dass sie hauptsächlich aus einem Körper bestehen. So vernachlässigen sie ihre körperlichen Bedürfnisse: Sie zügeln und planen ihr Essen nach rationellen Gesichtspunkten und fragen nicht mehr danach, was ihnen wirklich schmeckt; sie geben der Freude ihres Körpers nach Bewegung, nach Laufen und Tanzen nicht nach; sie folgen nicht den Fantasien, die ihnen ihre sexuelle Lust eingibt; sie schlafen und ruhen sich nicht aus, wie sie es brauchen; sie reagieren ihren Stress nicht ab, finden kein natürliches Ventil für ihre Aggression.

Ich lernte viel von den Enten, die sich auf dem See vor unserer Wohnung aufhielten. Wenn sich zwei Erpel mal heftig um ein Stückchen Brot oder um ihr Territorium gestritten hatten, dann dauerte es eine ganze Weile, bis sie sich beruhigt hatten und ihre Aufregung losgeworden waren. Sie richteten sich auf und flatterten heftig mit den Flügeln, tauchten ihren Kopf immer wieder ins Wasser, so als müssten sie ihn abkühlen, und schüttelten sich wiederholt kräftig aus. Tiere schämen sich nicht dafür, dass sie sich eben aufgeregt oder gefürchtet haben. Sie zeigen es allen offen. Ich male mir aus, wie es wäre, wenn wir uns in Stresssituationen ebenso verhalten könnten. Anstatt so zu tun, als würde uns alles nichts ausmachen, als würden wir lässig über der ganzen Situation stehen, anstatt den Körper zusammenzuhalten und die Atmung zu kontrollieren, könnten wir doch verkünden: „So, jetzt muss ich mich mal abreagieren!" und dann eine Runde um die vier Ecken joggen. Oder eine Reihe kräftiger Kniebeugen und tiefer Atemzüge machen. Oder ein paar mal die Treppen auf und ab laufen. Oder eine kalte Dusche nehmen. Aber unsere negativ-heroische Einstellung verhindert eine solche spontane Abreaktion. Statt unsere Tierseele zu verstehen und ihr genügend Lebensraum zu geben, damit sie ihre Funktion als Basis unseres Lebens erfüllen kann, meinen wir, sie abtöten zu müssen, wie es viele der Helden der Frühzeit getan haben. Das ist aber für uns heute keine gute und gesunde Lösung mehr. Sie weist auch auf ein relativ schwaches Selbst-Bewusstsein hin.

Für ein schwach entwickeltes Selbst-Bewusstsein ist der Umgang mit den Trieben und Affekten unseres Organismus tatsächlich sehr bedrohlich. Immer wieder muss es befürchten, von ihnen besessen zu werden und ihnen zu verfallen. Die meisten von uns haben erfahren, wie sehr uns starker Hunger, unausgelebte Sexualität und aufgestauter Ärger zu schaffen machen können. Deshalb liegt die Lösung sehr nahe, den Körper mit seinen Affekten, Versuchungen und Wünschen abzutöten, wie es viele Kulturen und Religionssysteme empfohlen haben. Damit wird aber auch gleichzeitig die geistige und körperliche Lebendigkeit eingeschränkt. In einem ausgemergelten, geschundenen und geschwächten Körper kann kein lebendiger Geist wohnen. Man lebt nur mit einem Bruchteil seiner Kraft, weil der Körper die Grundlage unseres Lebens ist.

Eine ältere Frau mit einer ausgeprägten zwanghaften Persönlichkeitsstruktur brachte in ein Beratungsgespräch folgenden Traum:

Ich gehe auf einer Dorfstraße entlang. Aus einem Stall höre ich ein schreckliches Klagen und Stöhnen. Ich schaue hinein und sehe dort abgemagerte Tiere, Kühe, Pferde, Schweine, die angekettet sind, in ihrem Blut und Kot liegen und fast verendet sind.

Dieser Traum schien keine gute Diagnose darüber zu stellen, wie die Frau mit ihrer Tierseele als ihrer vegetativ-instinktiven Lebensbasis umging. Ihre weitere Entwicklung offenbarte dann auch ihre starke psychische Gefährdung (Depressivität, Suizidalität). Die bessere Lösung ist, sich seine Tierseele zu seinem Freund zu machen, auf seine instinktive Weisheit zu achten und sich von ihr durchs Leben tragen zu lassen. Ein junger Mann mit sexuellen Ängsten träumte:

Ich reite auf einem freundlichen Pferd durch eine unbekannte Gegend. Ich bin überrascht, wie gut ich reiten kann, obwohl ich es doch nicht gelernt habe. Als der Pfad unwegsam wird, steige ich von dem Pferd ab und führe es am Zaumzeug neben mir weiter. Auf einmal verwandelt sich das Pferd, es muss wohl eine Stute gewesen sein, in eine junge Frau, die mich weiter begleiten und führen will.

Hier lässt sich eine bessere Lösung erhoffen. Das Bild von der organischen Einheit zwischen Pferd und Reiter ist ein altes Symbol für die gelungene Verbindung von Körper, Seele und Geist. Wenn wir einmal von der durchaus naheliegenden und wohl auch zutreffenden sexuellen Deutungsmöglichkeit absehen – ein junger Mann scheint das „Reiten" zu lernen, wobei sich das Pferd als Frau entpuppt –, scheint der Traum auch auf eine enge Wechselbeziehung zwischen der Kultivierung der animalischen Lebendigkeit und dem Zugang zum eigenen „Weiblichen" hinzuweisen. Das Pferd verwandelt sich im Traum in die junge Frau. Offenbar sind Körperlichkeit und Weiblichkeit hier so eng miteinander verbunden, dass eins ins andere übergehen kann, beziehungsweise dass die Zähmung des einen die Differenzierung des anderen mit sich bringt. Aber da dies eines der Ziele des „Drachenkampfes" ist – die Befreiung der Gefangenen aus der Macht des Ungeheuers –, wollen wir uns der Differenzierung des weiblichen Prinzips erst später genauer zuwenden.

Eine gelungen erscheinende Integration der Tierseele kommt in der das Kapitel einleitenden Sigurd-Erzählung sehr schön zum Ausdruck. Der alte Mann, der Sigurd bei der Auswahl seines Pferdes hilft, ist eine Personifikation der archetypischen Gestalt des „Alten

Weisen". Er repräsentiert jene steuernde, organisierende Intelligenz des Selbst, die in unserem Organismus waltet.

In der Regel wirkt diese Intelligenz still im verborgenen, wir nehmen sie nicht wahr. In gefährlichen Situationen aber kann sich ihr regulierender Einfluss deutlicher bemerkbar machen, zum Beispiel in sich uns aufdrängenden Ahnungen und Fantasien, in unerklärlichen Stimmungen und Wünschen oder eben auch in Träumen, wo sie sich dann als überlegen – wissende, uralt – weise Person verbildlicht, die plötzlich erscheint und dann wieder verschwindet. Dass der „Alte Weise" in obiger Episode im Zusammenhang mit dem Pferd auftaucht, bestätigt die tiefenpsychologische Auffassung, dass die Herstellung einer positiven Beziehung zur eigenen Körper- und Instinktwelt einen entscheidenden Schritt bei der Verwirklichung des Selbst darstellt.

Was dem frühen Menschen seine Reittiere waren, sind dem modernen Menschen oft seine Fahrzeuge. Sie tauchen in den Träumen heutiger Menschen oft in ganz ähnlichem Bedeutungszusammenhang wie die Reittiere auf.

Das Auto (früher Automobil, gr.: selbstbewegendes Fahrzeug) ist vielen Menschen nicht nur ein elementares Verkehrsmittel, das uns weit über unsere eigene Muskelkraft hinaus zur Fortbewegung und zum Transport von Lasten dient, es ist ein emotional aufgeladenes „Objekt der Begierde", ein „Faszinosum", das sehr viele Aspekte in sich vereint.

Es ist zunächst, wie auch die meisten Tiersymbole, ein Energie- und Triebsymbol, es drückt antreibende Dynamik, Kraft und Stärke aus, die einem zur Verfügung steht, um sich relativ frei und autonom durchs Leben zu bewegen. Damit ist es auch ein Symbol für Beweglichkeit, Selbstbestimmung, relative Unabhängigkeit und Freiheit. Je mehr uns von dieser kraftvollen Energie und den weiteren Eigenschaften zur Verfügung steht, desto freier und mächtiger sind wir. Daneben besteht ein Auto aus konkreter, komplex und intelligent angeordneter Materie und ähnelt darin dem Körper als

einem sich selbst regulierendem Organismus. Seine Ähnlichkeit mit
einem schützenden Haus und verschließbaren Türen lässt es auch
zu einem großen Teil an dessen Symbolik teilnehmen, wie ja insbesondere an Reise-Wohn-Mobilen deutlich wird. Gerade auch bei
schwierigem Wetter schenkt das Auto zudem Gefühle der Wärme,
des Schutzes und der Geborgenheit „wie eine gute Mutter."

Alle diese Qualitäten teilt das Auto mit anderen Fahrzeugen, wie
dem Schiff, dem Flugzeug oder dem Raumschiff. Visionäre träumen
von einem Auto, das sowohl schwimmen (evtl. auch tauchen), als
auch fahren und fliegen kann. Von hier aus ist der Schritt, im Auto
auch ein Symbol des Selbst, der Einheit und Ganzheit unserer Persönlichkeit, zu sehen.

Mythologische Vorläufer des Automobils waren z. B. der Wagen
des Helios oder der von feurigen Pferden gen Himmel gezogenen
Wagen des Elias.

Als Werkzeug wurden Wagen schon früh zum Transport benutzt,
als Streitwagen konnten sie bereits in der Antike im Krieg als eine
Art Waffe verwendet werden. Auch Wagenrennen als Sportveran-
staltung sind schon in der Antike bekannt. Das eigentliche Auto war
nach seiner Erfindung durch Benz, Daimler und Maybach zunächst
ausschließlich Statussymbol der Reichen und Bedeutsamen.

Das Auto und die mit ihm verbundene individuelle Beweglichkeit und Freiheit ist zu einem zentralen Symbol des modernen
„Homo faber" geworden, der sich göttergleich majestätisch in einem
sich selbst bewegenden Wagen, manchmal auch Luxus-Schlitten,
kreuz und quer durch seine Welt bewegen kann.

Damit hätte sich der Mensch eine ganzheitliche Maschine
geschaffen, mit der er seinen individuellen Macht- und Wirkungs-
bereich, seine Unabhängigkeit und Freiheit in beträchtlicher Weise
ausgedehnt und sich göttergleich über viele Beschränkungen der
Materie und des Menschseins erhoben hätte.

Abb. 15: Kaiser Karl VI. als Helios-Apollo im Sonnenwagen (Paul Troger, 1698, Freskomalerei, eine Apotheose auf Kaiser Karl VI., Ausschnitt). Ein mythologischer Vorläufer des Automobils ist z. B. der von Rossen gezogene Wagen des Sonnengottes Helios. Menschen in Machtpositionen haben sich oft mit Sonnenattributen geschmückt, um ihren Ruhm, ihre Größe und Herrlichkeit im Glorienglanz erscheinen zu lassen. Darin wird auch eine gefährliche Schattenseite des Heroischen deutlich: Größenwahn und Manie, das Gefühl der Allmacht und Gottgleichheit. Einer solchen Hybris (griech. Selbstüberhebung, Anmaßung) folgt oft ein schlimmes Ende.

Der Held und sein machtvoller Schattenbruder

Als er herankam, stellte sich Enkidu hin in die Straße,
Versperrte den Weg dem Gilgamesch [...]

Sie stießen zusammen auf dem Markte des Landes,
Enkidu sperrte das Tor mit dem Fuß,
dass Gilgamesch eintrat, gab er nicht zu.
Da packten sie sich, gingen in die Knie wie Stiere,
Zerschmetterten die Türpfosten, es erbebte die Wand!

Als Gilgamesch ins Knie sank, am Boden den Fuß -
Da verrauchte sein Zorn,
Sie küssten einander und schlossen Freundschaft.[16]

Im Kapitel über das heroische Kindes hatten wir uns mit der Doppelstruktur des Helden auseinandergesetzt, die sein heroisches Verhalten und Erleben bestimmt. Einerseits ist der Held von Anfang an durch seine Herkunft und Begabung zu Großem auserwählt, andererseits wird er häufig vor und nach seiner Geburt abgelehnt und missachtet. Seine früheste Kindheit steht unter dem Fluch dauernder Bedrohung und Gefährdung.

Dieser Doppeltheit seiner frühen Lebenssituation entspricht meist auch eine Doppeltheit seines Charakters: Einerseits ist er der lichte, strahlende, menschenfreundliche Held, der sich für die Erhaltung und Entwicklung positiver Lebenszustände einsetzt, andererseits kann er aber zum unberechenbaren, jähzornigen, selbstsüchtigen, machthungrigen, gewalttätigen Menschen werden, der bereit ist, für eine „gute" Sache ebenso grausam und sadistisch zu wüten wie jene feindlichen Mächte, die zu überwinden er sich zur Aufgabe gemacht hat.

Wenn ein begabter, intelligenter Mensch in seiner Kindheit großen Ängsten und Demütigungen ausgesetzt ist, dann kann es leicht geschehen, dass er seine Fähigkeiten nicht nur konstruktiv einsetzt, sondern sie auch in den Dienst unbewusster Rache- und Machttendenzen stellt und mit seinen Mitmenschen so verfährt, wie mit ihm einst verfahren wurde. Solche Entwicklungen finden wir ganz offensichtlich bei begabten Verbrechern, bei vielen negativen Helden der Geschichte, den Tyrannen der Antike, den Eroberern der frühen Neuzeit und den Diktatoren des zwanzigsten Jahrhunderts. Aber, und das ist sicher eine schwierige Einsicht in unsere eigene Psyche, auch wir tragen sehr unterschiedliche Seiten mit guten und bösen Anteilen in uns. Und was wir außen, in unserer näheren und weiteren Umwelt zulassen, was wir andere Menschen, dem Staat und den Medien gestatten zu tun, das hat oft viel mit uns selbst und unseren unbewussten Schattenseiten zu tun.

A. Miller hat zum Beispiel deutlich zu machen versucht, wie sehr sich eine solche Psycho-Dynamik in der Person Hitlers und dem „deutschen Volk" vollzogen hat. Das gedemütigte, geschlagene, unterdrückte, aber begabte Kind Adolf wiederholte und inszenierte später mit einer ganzen Nation und an den Juden das stumme Leiden seiner Kindheit. Aber er kann das natürlich nur, weil das deutsche Volk selbst an diesem Drama mitzuspielen bereit ist, weil es sich selbst als gedemütigtes Kind empfunden hat und voller Rache- und Machtimpulse war: „Führer befiehl, wir folgen!" Führer und Geführte sind gemeinsam aufeinander bezogene und sich fordernde Figuren eines ungeheuerlichen, unbewussten tragischen Schauspiels, das die Menschen seit Jahrtausenden spielen und noch immer nicht zu verstehen gelernt haben.

Archetypische Fantasien, ganz besonders die Helden-, die Welt-Retten-Wollen- und Menschheits-Erlöser-Fantasie, haben zudem eine besonders starke suggestive „Einbildungskraft". Ganze Menschenmassen und Völker können ihr epidemisch verfallen und sich für das auserwählte Volk halten. Die katastrophalen Wirkungen eines solchen Helden-Massenwahns haben wir im sogenannten „Dritten Reich" erlebt, wo uns die ganze Dynamik heroischen Denkens in erschütternder Weise vorgeführt wurde, vom arischen Herren- und Übermenschen über die Sieg-Heil-Ideologie bis zum „Tausend-jährigen Reich" und all den totalen Endlösungs- und Endsiegvor-stellungen. Die alten Grundsymbole des Helden tauchten dort in neuem blutigem Glanze auf: die Sonne im Hakenkreuz (das Haken-kreuz ist ein uraltes, weit verbreitetes Symbol des Sonnenlaufes, der Erneuerung und Wiedergeburt), das Licht in den „Deutschland-erwache"-Parolen, der Phallus in den Kampf-Sturm-Stoß-Truppen und dem emporgereckten Arm des Hitler-Grußes, der zu besiegende Erzfeind und der dunkle Chaos-Drache im Bolschewisten und im Juden.

In manchen mythischen Geschichten drückt sich der doppelte Charakter des Helden im Verhalten des Helden selbst aus. Hera-kles beispielsweise wird als jähzornig, gewalttätig und starrsinnig beschrieben. So schlägt er seinem Lehrmeister Linos, als dieser mit seinem Leierspiel unzufrieden ist und ihn straft, wutentbrannt mit seiner Leier den Schädel ein. Ein anderes Mal tötet er im wahn-haften Blutrausch drei seiner Söhne und seine Frau. Hinter diesen unbeherrschten destruktiven Reaktionen des Herakles können wir die ganze Tragik seines Kindheitstraumas, seine grenzenlose, unbän-dige Wut und Verzweiflung wahrnehmen.

In anderen Mythen zeigt sich dieser doppelte Charakter im Auf-treten eines (Zwillings-) Bruders oder eines gleichstarken Feindes. Meist wird der Widersacher dann von dem Helden nach langem, schweren Kampf überwunden, oder der Kampf geht unentschie-den aus. In den eher ungünstigen Entwicklungsverläufen bleiben die beiden dann unversöhnlich, aber doch schicksalhaft aufeinander bezogen, wie es in der Beziehung zwischen Jesus Christus und Satan, dem Antichristen, deutlich wird.

Gerade auch an der Geschichte des Christentums sehen wir, wie schwierig, ja manchmal fast unlösbar das Schatten-Problem für uns ist, selbst bei ursprünglich humanen Ideen, für die sich große vor-bildliche Menschen aufgeopfert haben: Angetreten als eine Religion,

Abb. 16: „Hebe dich weg von mir Satan!" **Versuchung Christi auf dem Berg** (Duccio di Buoninsegna, 1308-1311). Die großen Religionen haben alle auf mehr oder weniger gelungene Weise versucht, eine Antwort auf das Böse und die dunklen Seiten des Menschen zu finden. In der Gestalt des Jesus Christus, der mit „Zöllnern" und „Sündern" verkehrte, zwischen zwei „Schächern" gekreuzigt wurde und die „Sünden der Welt" auf sich nahm, kann man den Versuch einer umfassenden Schattenintegration sehen. Wie schwer es aber ist, nicht immer wieder neu dem Macht- und Gewaltschatten zu verfallen, führt uns gerade auch die Geschichte des Christentums (und nicht nur diese) drastisch vor Augen.

die den Menschen die Liebe, den Frieden und die Erlösung vom Leid bringen wollte und die Demut verkündete, verfielen ihre Anhänger doch einem wahrhaft satanischen Schatten, indem sie vor keiner Gewaltanwendung zurückschreckten, wenn ihre Auffassungen gegen Ungläubige oder Ketzer durchgesetzt und ihre Macht verteidigt oder ausgeweitet werden sollten. Sie missionierten mit Feuer und Schwert, organisierten Kreuzzüge und Inquisition, verfolgten Hexen und Häretiker. Kaum eine andere Religion hat so viel Leid und Blut über die Menschen gebracht wie jene, die im Namen Christi und im Zeichen des Herrn auftrat.

Was uns in den Mythen und der Menschheitsgeschichte so eindrücklich begegnet, ist der oft angedeutete Zusammenhang zwischen einem Verfallen an den Macht- und Gewalt-Schatten und dem gedemütigten, verachteten Kind in uns. Wir können diese so unendlich leidvolle Beziehung auch überall in unserem Alltag wahrnehmen. Hinter all dem „Machbarkeitswahn" unserer Gesellschaft mit seinen Leistungs- und Erfolgszwängen, seiner rasenden Geschwindigkeit und tödlichen Hetze, seinem Dauerpotenzgebaren, seiner Verachtung von Mitmenschen, Tieren und Umwelt schauen wir möglicherweise auch in die ängstlichen, traurigen Augen von Kindern, die von Selbstwertzweifeln geplagt sind und die sich nie so haben lieben dürfen, wie sie sind.[17]

Hinter der Intoleranz, der Rechthaberei, dem ständigen Kritisieren-Müssen, der übermäßigen Wichtigkeit und Ernsthaftigkeit sehen wir das Kind, dem einerseits nie einfühlsam zugehört wurde, das nie ernst genommen wurde, sondern immer nur belehrt und korrigiert wurde, und dem andererseits seine ursprüngliche Offenheit, Lernfähigkeit und Lebensfreude zerstört wurde, so dass es die Weite, Vielfalt und Schönheit des Lebens nicht mehr wahrnehmen kann. Und hinter dem ständigen Beweisen-Müssen von Größe, Macht und Stärke spüren wir Kinder, die sich ihre Sehnsucht nach geborgener Liebe, nach Abhängigkeit und Schwachsein nicht zugestehen dürfen.[18]

Selbst im Gewand aufopfernder Nächstenliebe und fürsorglicher Hilfe weiß sich unser heroischer Macht-Schatten zu tarnen.[19] In der Psychologie entdeckte man schon vielen Jahren das „Helfer-Syndrom", bei dem es sich um unbewusste Einstellungen und Verhaltensweisen handelt, die für eine Vielzahl von Menschen in helfenden Berufen Ärzte, Psychotherapeuten, Lehrer, Sozialarbeiter, Seelsorger, aber auch für viele Mütter und Väter typisch sind. W. Schmidbauer illustrierte das „Helfer-Syndrom" anhand eines typischen Traumes. Der Träumer will zusammen mit anderen an das Haus eines Professors eine Glocke montieren. Er sieht die hohen Hausfassaden vor sich. In einem Schuppen hört er leises Weinen und entdeckt zwischen Gerümpel und Spinnweben ein halb verdurstetes, abgemagertes Baby. Dieses Traumbild beschreibt sehr prägnant die psychische Situation eines Menschen mit einem „Helfer-Syndrom": ein verwahrlostes, hungriges Baby hinter einer prächtigen, starken Fassade.[20]

Wir haben es hier mit zwei dem Helfer meist unbewussten Schattenaspekten zu tun: Der erste Aspekt ist die prächtige, starke Fassade. Helfer neigen oft dazu, sich vor sich selbst und nach außen hin den Anschein von heldenhafter Stärke, Souveränität und Überlegenheit zu geben. Sie versuchen, in psychologischem oder moralischem Sinn ideale, vollkommene Menschen zu sein, und wehren damit ihre eigene Hilfsbedürftigkeit, Dunkelheit und Schwäche ab. Das erschwert es ihnen, von anderen Menschen Hilfe anzunehmen, sich eigene Fehler zuzugestehen, von den Hilfsbedürftigen, die ihnen anvertraut sind, etwas zu lernen und sie als gleichwertige Menschen anzunehmen.

Der zweite Schattenaspekt, der dem Helfer meist ebenso unbewusst ist, wird im erwähnten Traum durch das verwahrloste Baby symbolisiert. Der Helfer weiß häufig nichts von seinen eigenen kindlichen Bedürfnissen, seiner Sehnsucht nach Anerkennung, Bestätigung, Kontakt, Kommunikation, Zuwendung und Liebe. Diese Sehnsucht kann unbewusst aber so stark sein, dass er sich in seinem Beruf aufopfert und bis zur Erschöpfung verausgabt. In der Zuwendung, die er einem anderen schenkt, behandelt er ihn so, wie er selbst behandelt werden möchte. Da er sich auf diese Weise unbewusst selbst zu helfen versucht, aber sich seine Behandlungsbedürftigkeit nicht zugesteht, kommt es bei ihm wenn überhaupt nur zu einer geringfügigen Aufarbeitung seiner eigenen Schwierigkeiten. Das erschwert ihm oft, anderen Fortschritte und Problemlösungen zu gönnen, die er selbst noch nicht vollziehen konnte. Er wird dann versucht sein, seinen Schützling weiterhin in Abhängigkeit zu halten oder ihm nachzuweisen, dass er ja „immer noch" bestimmte Störungen und Probleme habe.

Durch die Abhängigkeit des Hilfesuchenden kann der Helfer zudem sehr leicht sein Bedürfnis nach Macht, Dominanz und Überlegenheit mehr oder weniger offen realisieren. Er kontrolliert und bestimmt die Begegnung weitgehend, er kann sein Gegenüber durch Manipulationen, Interpretationen, Ratschläge und Anweisungen dazu bringen, dass er das tut, was seinen heimlichen, eigenen Bedürfnissen entspricht. Das Ausgeliefertsein und die Schwäche des anderen stärken das Selbstwertgefühl des Helfers häufig in so gefährlicher Weise, dass er sich tatsächlich für allmächtig und allwissend hält. Allzu leicht verfällt er dann der Fantasie, eine unfehlbare Mutter oder Vatergestalt, ein großer Zauberer, Wunderheiler, Retter oder Erlöser zu sein.

Die Gefahr, dem Schatten des Helden zu unterliegen, ist offenbar sowohl gesellschaftlich als auch persönlich sehr groß, denn der Schatten ist ungemein verführerisch und so gut geeignet, unsere unbewussten Gefühle der Minderwertigkeit, Endlichkeit und Abhängigkeit zu überdecken. Auch die mythischen Helden konnten dem nicht immer entgehen. Gerade dann, wenn sie glaubten, ihn endgültig überwunden oder getötet zu haben, gerieten sie um so mehr in seinen heimlichen Machtbereich.

Aber es gibt auch günstigere Entwicklungen. In manchen Fällen verbindet den Helden und seinen Widersacher nach der heftigen Auseinandersetzung nämlich eine tiefe Freundschaft. Ein Beispiel dafür findet sich im Gilgamesch-Epos, von dem wir oben einen Auszug gelesen haben. Von Gilgamesch wird erzählt, dass er so unbändig und tatendurstig war, dass er in der Stadt Uruk keine Ruhe einkehren ließ und die Männer ständig zum Kampf und Wettstreit mit ihm aufrief, bis sich die Uruker bei den Göttern beklagten. Die Göttin Aruru erschuf darauf Enkidu, eine Art Tiermensch mit langem Haar und dichtem Fell, der dem Gilgamesch an Gestalt und Stärke ebenbürtig war, so dass beide miteinander wettstreiten sollten und die Uruker sich erholen konnten. Gilgamesch und Enkidu trafen auf dem Markt zusammen. Enkidu stellte sich ihm entgegen und versperrte ihm den Durchgang durch das Markttor. Sie kämpften miteinander bis zur Erschöpfung und schlossen dann Freundschaft.

Ein anderes Beispiel ist die Begegnung des jungen Königs Artus mit Gawan. Gawan ist der Sohn des Königs von Orkney, der mit zwei anderen Königen Artus um seine Macht und seinen Glanz beneidet und ihn zum Kampf herausfordert.

Ein grausiges Morden hub an. Artus' geballter Haufe durchbrach die allzu dichte Reihe der Feinde, die so eng standen, dass sie einander im Fechten behinderten, und als die Sonne sich neigte, stand dem jungen König der Sieg vor Augen. Zuletzt hielten sich nur noch zwei Kämpen aufrecht, die wie Säulen standen, das waren der König von Orkney und sein Sohn Gawan. Hier war es, dass Artus zum ersten Mal auf den Ritter traf, der ihm sein ganzes Leben lang der beste Waffenbruder und Gefährte sein sollte. Der König von Orkney ward im ersten Anprall aus dem Sattel gestoßen, dann standen Artus und Gawan einander gegenüber, jetzt grimmige Feinde, doch Freunde von morgen.

Lange und unentschieden währte der Kampf, und gebannt sahen ringsum Freunde und Feinde ihm zu. Jeder der beiden Kämpfer erkannte, dass er den anderen nicht bezwingen konnte, und als sie, nachdem sie die Klingen wohl hundertmal gekreuzt hatten, stillstanden, um Atem zu holen, hoben sie beide wie auf Verabredung das Visier und sahen einander in die Augen. Da sagte Gawan: „Edler Jüngling, ich erkenne wohl, dass du der rechtmäßige König bist und ein unüberwindlicher Held.

So will ich mich dir unterwerfen und, wenn es dir lieb ist, als Waffengefährte dir dienen." Darauf ging Artus mit Freuden ein, steckte sein Schwert in die Scheide, und beide traten aufeinander zu und umarmten einander.[21]

Um Freundschaft mit dem Macht-Schatten schließen zu können, bedarf es eines langen Ringens mit ihm, das immer wieder bis an die Grenzen unserer moralischen Kräfte geht und von uns höchste Aufmerksamkeit und Wahrhaftigkeit fordert. Freundschaft mit dem Schattenbruder zu schließen bedeutet, alle jene negativen Projektionen zurückzunehmen, die wir auf unsere Mitmenschen richten, heißt, mit all jenen unzähligen Streitereien Schluss zu machen, in denen wir das Böse im anderen, im Feind, im Ausländer, im Kollegen und im Partner bekämpfen, ohne zu merken, dass es unser eigenes Böses ist, das uns dort entgegentritt.

Der erste und zugleich schwerste Schritt hierbei ist natürlich, dass wir unseren Schatten in seinen unzähligen Erscheinungsformen wirklich kennen lernen wollen. Unser Schatten der Macht und des Größenwahns kommt in vielerlei Gestalt daher. Er zeigt sich uns zum Beispiel in einer steifen, hoch aufgerichteten Haltung mit dem Blick von oben herab („hochnäsig sein"), in den geringschätzig heruntergezogenen Mundwinkeln und dem häufigen Gebrauch des erhobenen Zeigefingers, wie überhaupt in jedem belehrenden und missionierenden Tonfall.

Worte wie „man sollte", „man muss", „nie", „immer", „absolut", „total", „radikal", „endgültig", Worte also, die einen Absolutheits-, Totalitäts- und Endgültigkeitsanspruch ausdrücken, weisen darauf hin, dass wir möglicherweise den Blick für die Relativität menschlicher Aussagen und unseres Wissens verloren haben. Es besteht dann die Gefahr, dass wir von unseren „heiligen Überzeugungen" besessen und von einer unangenehmen Rechthaberei und Intoleranz heimgesucht werden. Häufig genug führt das zum Verlust sozialer Kontakte und Beziehungen.

Besondere Wachsamkeit empfiehlt sich bei übermäßiger Empfindlichkeit, Kränkbarkeit und bei häufigen Jähzornsanfällen, bei allem
Herausstreichen von Würde und Ehre, bei andauernder Ernsthaftigkeit und fehlendem Humor. Das sind sehr deutliche Symptome
eines eigentlich schwachen Selbstwertgefühls, das zwanghaft durch
heroische Größenfantasien und Besserwisserei ausgeglichen werden
muss.

Eine weitere Hilfe erhalten wir durch die Feedbacks, die unsere
Umwelt uns vermittelt. Hier gilt in gewisser Weise die alte Weisheit: „Die über mein Gutes reden, sind meine Feinde, die über mein
Schlechtes reden, meine Freunde." Zwar ist es so, dass die Menschen, die uns gegenüber kritisch eingestellt sind, häufig genug ihre
eigene Problematik auf uns projizieren, aber dass sie das mit uns tun,
ist eben möglicherweise nicht ganz zufällig. Wir bieten gelegentlich
auch Anlass dazu. Dadurch, dass sie uns überpointiert kritisieren,
haben wir eine Chance, etwas deutlicher an uns zu sehen und von
ihnen zu lernen.

Hilfreich ist es, sich immer wieder in der Anwendung des „spiegelnden Schildes" des Perseus zu üben. Nachdem sich unser erster
empörter emotionaler Sturm auf eine Kritik gelegt hat, können wir
uns bemühen, uns etwas zurückzunehmen und zu fragen: „Gut,
auch wenn das jetzt übertrieben war und ich es so nicht annehmen
kann, was könnte denn im Kern daran richtig sein? Wo trifft mich
die Kritik an einer dunklen Stelle, die ich nicht so gerne wahrhabe?"
Meistens finde ich dann etwas, was mir eine zwar schmerzhafte, aber
letztlich doch hilfreiche Erkenntnis ist.

Eine weitere Hilfe in der Relativierung anmaßlicher Größenvorstellungen ist die soziale Realität. Idealistische Menschenbilder
und heroische Heilslehren, hinter denen sich der Macht-Schatten
leicht und gerne verbirgt, lassen sich theoretisch einfach fantasieren und ausarbeiten, der entscheidende Bewährungsbereich ist aber
das konkrete Leben. Das alltägliche berufliche und gesellschaftliche

Leben nämlich reduziert die heroischsten Fantasien auf ein gesundes, erträgliches und menschliches Normalmaß.

Manche Philosophen und Menschheitsbeglücker haben das praktische Leben gemieden und ihre hochfliegenden Vorstellungen in einem lebensfernen „Elfenbeinturm" konzipiert, ungetrübt von den Leiden, Widersprüchen und Konflikten des menschlichen Daseins. Auch Menschen, die arrogant sind und sich für jemand Besonderen halten, fehlt in der Regel die Auseinandersetzung und Reibung mit der äußeren Realität. Diese sorgt nämlich unvermeidlich dafür, dass „die Bäume nicht in den Himmel wachsen".

Deshalb ist die Frage: „Lebe ich eigentlich selbst das, was ich glaube, wie, man leben sollte?" oder: „Habe ich eigentlich selbst das, was ich anderen Menschen empfehle, verwirklicht?" äußerst segensreich für uns und die von unserem Besserwissen und unseren Ratschlägen geplagten Mitmenschen.

Noch tiefgreifender in ihrer Größenwahn reduzierenden Wirkung als die Bewährung an der alltäglichen Realität ist die Bewährung an einer anderen Realität, nämlich dem Tod. Weil die Bewältigung der Todesproblematik ein wesentliches Element des Heldenweges ist, sei dieser Aspekt jedoch erst später dargestellt. Wir werden dann sehen, dass erst die Auseinandersetzung mit dem Tod den positiven Heldenweg vollendet und dass sie zugleich alle negativen Auswirkungen einer Identifizierung mit dem Idealbild des Übermenschen auflöst. Angesichts unserer Endlichkeit gibt es keinen Grund mehr zu Größenwahn und Allmacht.

Der Kampf des Helden mit seinem Schattenbruder, das heißt die Auseinandersetzungen mit der Ohnmacht und Bedürftigkeit des „inneren Kindes" und seinen kompensatorischen Größen- und Machtfantasien sowie die Versöhnung mit den verschiedenen Facetten des eigenen Schattenbereiches, hat nicht nur auf das individuelle, sondern auch auf das gesellschaftlich-politische Leben tief greifende Wirkungen.

C. G. Jung schreibt in „Psychologie und Religion":

Wenn man sich jemanden vorstellt, der tapfer genug ist, die Projektionen seiner Illusionen allesamt zurückzuziehen, dann ergibt sich ein Individuum, das sich eines beträchtlichen Schattens' bewusst ist. Ein solcher Mensch hat sich neue Probleme und Konflikte aufgeladen. Er ist sich selbst eine ernste Aufgabe geworden, da er jetzt nicht mehr sagen kann, dass die anderen dies oder jenes tun, dass sie im Fehler sind und dass man gegen sie kämpfen muss [...] Solch ein Mensch weiß, dass, was immer in der Welt verkehrt ist, auch in ihm selber ist, und wenn er nur lernt, mit seinem eigenen Schatten fertig zu werden, dann hat er etwas Wirkliches für die Welt getan. Es ist ihm dann gelungen, wenigstens einen allerkleinsten Teil der ungelösten riesenhaften Fragen unserer Tage zu beantworten. " [22]

Abb. 17: Don Quijote und Sancho Panza (Doré, Gustave, 1883). Die Schattengestalten des Helden sind nicht nur solche, die mit Größenwahn, Gewalt und Macht zu tun haben. Oft werden sie auch von Begleitern dargestellt, die mit den Helden freundschaftlich verbunden sind und einen anti-heroischen, z. B. bequemen, ängstlichen, listigen oder närrischen Charakter haben. In der Geschichte vom „Ritter mit der traurigen Gestalt" wird eine solche Figur durch Sancho Panza dargestellt. Don Quichotte ist ein idealistischer, mutiger Träumer, bei dem Fantasie und Realität dauernd ineinander übergehen, Sancho Panza hingegen ein lebenspraktischer, vorsichtiger Realist, der die Verrücktheiten seines Herrn durchschaut, ihm aber treu zur Seite steht.

Der Drachenkampf:
Ins Zentrum der Angst vorstoßen

Sie kamen zur Heide und fanden bald die Spur des Wurms: Ausgewalzt lag sie und bezeichnete den Weg, auf dem er zum Wasser kroch, um zu trinken. Regin sank das Herz, und er barg sich im Gebüsch; aber Sigurd band sein Roß im Walde an und hob auf der Fährte eine große Grube aus, in die er sich setzte, so dass sie ihn verbarg. Er musste nicht lange warten, bis der Drache sich heranwälzte, schon von weitem hörte er ihn stampfen und schnauben, dass die Erde bebte, und aus den Nüstern des Ungeheuers sprühten Gift und Feuer. Sigurd kauerte furchtlos in seiner Grube, und als der Drache über ihn hinweg kroch, stieß er ihm das Schwert durch die Blöße bis ans Heft ins Herz. Schnell riss er die Klinge wieder heraus, sprang aus der Grube und weit zur Seite, dass ihn der Wurm nicht erreichen konnte; denn der begann nun zu toben und mit dem Schwanz so wild um sich zu schlagen, dass Bäume und Felsen, die er traf, wie Glas zersprangen. Sigurd zündete ein Feuer an und briet Fafnirs Herz am Spieß. Als der Saft heraus schäumte, wollte er versuchen, ob es gar sei, und prüfte es tastend; dabei verbrannte er sich und steckte den Finger rasch in den Mund, so dass ihm der Saft auf die Zunge kam. Auf einmal verstand er die Sprache der Vögel und hörte, was im Geäst über ihm die Spechtmeisen zwitscherten [...] Dann aß er das Drachenherz und fühlte, wie Kraft und Wut ihn gedoppelt durchströmten.[23]

Die zentralen Motive und Hauptaktivitäten des Heldenweges können unter dem Symbolbegriff „Drachenkampf" zusammengefasst werden. Der Drache ist ein äußerst vieldeutiges, archaisches Symbol. Deshalb lässt er sich auf die verschiedensten Mächte, die dem Menschen als gefährliches und lebenshemmendes Problem erscheinen, beziehen: beispielsweise auf die Naturgewalten, ein schweres Lebensschicksal, gefangen setzenden Bann der Eltern, auf das Unbekannte, Dunkle und Böse der Seele oder auf den Tod.

In den mythologischen Vorstellungen vieler Völker des westlichen Kulturkreises verkörpert der Drache Anfangs- und Urmächte, die den Menschen und sein geordnetes Leben immer wieder bedrohen. Wenn die Menschen von den Ursprüngen und ersten Dingen des Lebens fantasieren, dann fantasieren sie auch drachenähnliche Gestalten. Drachen sind Geschöpfe des Chaos, der Unordnung, der Finsternis. Ihre Gegenspieler sind Licht, Ordnung und Erkenntnis bringende Götter und Heroen, die durch die Drachentötung Himmel und Erde voneinander trennen und die Welt entstehen lassen.

Eine der frühesten überlieferten Erzählungen ist der Kampf des babylonischen Sonnengottes Marduk gegen das Chaos-Ungeheuer Tiamat, die Mutter des Abgrunds. Mit einem Netz, einer Keule, mit Gift, Pfeil und Bogen und einem Köcher voll Blitzstrahlen bewaffnet, begleitet von den vier Winden und einem mächtigen Wirbelsturm, durchforschte Marduk in seinem Sturmwagen den Kosmos nach Tiamat. Er breitete sein Netz über die Leere und fing Tiamat darin:

Als sie sich einander näherten,
Tiatnat und Marduk, der weiseste der Götter,
stürzten sie aufeinander los,
begannen den Kampf.
Der Herr entfaltete sein Netz, band sie.
Er schleuderte ihr den Bösen Wind ins Gesicht.

Tiamat öffnete den Mund, ihn zu verschlingen.
In diesen schleuderte er den Bösen Wind,
sie daran zu hindern, den Mund wieder zu schließen.
Die wütenden Winde erweiterten ihren Leib.
Ihr Bauch schwoll an. Ihr Mund blieb offen.

Er schoss einen Pfeil ab,
der ihr den Bauch durchbohrte,
ihr die Eingeweide zerriss, das Herz öffnete.
Er überwand sie, nahm ihr das Leben, warf ihren Leichnam auf
den Boden, erhob sich über ihn.[24]

Auch von dem griechischen Göttervater Zeus wird ein solcher Drachenkampf berichtet. Der Drache hieß Typhon und war ein Sohn von Gaia und Tartarus, der Erde und der Unterwelt. Gaia hatte ihn lange Zeit verborgen gehalten, aber eines Tages brach er aus seinem Versteck hervor, um das junge olympische Göttergeschlecht zu vernichten. Typhon, halb Mensch, halb Tier, war das größte Ungeheuer, das je das Licht der Welt erblickte:

Von seinen Schenkeln abwärts bestand er nur aus sich windenden
Schlangen. Seine Arme hatten zahllose Schlangenköpfe anstelle
von Händen. Wenn er sie ausstreckte, waren sie in jeder Richtung
hundert Meilen lang. Sein bestialisches Eselshaupt berührte die
Sterne, seine ungeheuren Flügel verfinsterten die Sonne, Feuer
brach aus seinen Augen, und flammende Lava schoss aus seinem
Mund.[25]

Nach langem Kampf besiegte Zeus Typhon endlich, indem er den Vulkan Ätna auf das Ungeheuer schleuderte.

Nach altnordischem Glauben erstreckte sich ein riesiger Baum, die immergrüne Weltesche Yggdrasil, vom Himmelszelt bis in die Tiefen der Hölle. Ihr Stamm und ihre Äste stützten die gesamte Weltordnung, und ihre Wurzeln verbanden die Welt der Götter, der Menschen und der Toten. An ihren Wurzeln und damit an den Grundfesten des geordneten Daseins aber nagte beständig der Drache Nidhöggr. Nicht nur der Urgrund allen Seins war durch den Drachen dauernd gefährdet, auch das Reich des Menschen war durch ein solches Wesen bedroht. Die Menschenwelt Midgard war umgeben von der Midgardschlange, die in der Tiefe des Meeres lag. Sie wurde von dem Gott Thor vergeblich bekämpft. Man stellte sich vor, dass es Thor und der Schlange bestimmt war, am Weltuntergang ein letztes Mal miteinander zu kämpfen. Dann würde Thor mitten im ewigen Winter, wenn der Himmel auseinander barst und das Chaos wiederkehrte, die Schlange töten, sobald sie aus dem Wasser schnellte. Der giftige Atem der sterbenden Riesenschlange aber würde den Gott ebenfalls vernichten. In den wogenden Feuermassen würde die Welt untergehen und in die Elemente zerstreut werden, aus denen sie entstanden war.

Wenn wir nun zusammenfassen, was in den beschriebenen Bildern assoziativ alles mit dem Drachen verbunden wird: Leere, Abgrund, Tiefe, Chaos, Dunkelheit, Katastrophen, Weltuntergang, tödliche, verschlingende Bedrohung, ekel- und schreckenerregende Gestalt, Gift, Feuer und Lava, dann sehen wir, dass er eine Projektionsgestalt der Menschheit für ihr Grundgefühl der dauernden Gefährdung sowohl in der Außenwelt wie auch in der psychophysischen Innenwelt ist. Im Drachen hat sich alles in einer Gestalt verbildlicht und verdichtet, was der Mensch sich als Ausdruck seiner existentiellen Ängste vorstellen konnte. Deshalb weisen auch andere schreckenerregende Gestalten der menschlichen Fantasie, die Dämonen, Teufel, Hexen, böse Gottheiten, die Horrorfiguren und Ungeheuer, meist enge Parallelen zum Drachenbild auf.

Diese Ängste und Gefährdungen der menschlichen Persönlichkeit, die sich in allen Zeiten und in allen Kulturen in ähnlichen bildhaften Gestalten dargestellt haben, sind archetypisch, das heißt, sie sind allgemein-menschliche Grunderfahrungen, die ebenso in der Gegenwart wie auch in der Zukunft das Erleben und Verhalten des einzelnen Menschen bestimmen werden. Leicht lässt sich zeigen, dass auch die Psyche des modernen Menschen ganz ähnliche drachenartige Bilder immer wieder hervorbringt, wenn sie sich in entsprechenden archetypischen Konfliktsituationen befindet. Dabei greift sie manchmal auf richtige archaische Drachengestalten zurück, manchmal passt sie sich aber auch den Entwicklungen des technischen Zeitalters an und lässt uns fantasieren von grünen Panzern, die durch das Dickicht brechen, von Dampflokomotiven, die rauchend und schnaufend aus der Höhle des Tunnels hervorkommen, von Tiefliegern, die mit mörderischem Lärm über unsere Köpfe hinwegjagen oder von Aliens, die in gewaltigen insektenähnlichen Flug-

Abb. 18: Siegfrieds Kampf mit dem Drachen: ins Herz der Angst vorstoßen (Künstler unbekannt).

und Raumschiffen aus der Dunkelheit des Universums auftauchen, um die Menschheit zu vernichten. Eine merkwürdige Drachenvariante erschien im Traum eines jungen Mannes begegnet: Er wurde von einem großen alten Eisenofen verfolgt, in dem ein helles Feuer brannte und der ihn zu verschlingen drohte. Das Unbewusste schein über eine grenzenlose Fantasie und Gestaltungskraft zu verfügen.

Jeder Mensch vollzieht von seiner Geburt bis zu seinem Tode immer wieder den Mythos des Helden und des Drachenkampfes. Im Vergleich zum reifen Erwachsenen-Bewusstsein ist das Bewusstsein des Kindes noch sehr diffus und chaotisch. Das Kind wird von seinen Trieben, Wünschen und Gefühlen geängstigt und getrieben, seine Umwelt ist ihm größtenteils fremd. Sie erscheint ihm mit unheimlichen Kräften und Mächten belebt, und es muss ständig fürchten, verstoßen und verlassen zu werden. Wie schnell der Chaos-Drache über ein kleines Kind hereinbrechen kann, sehen wir schon, wenn es auch nur für kurze Zeit allein gelassen wird. Dann wird aus einem fröhlichen, lebensoffenen Kind plötzlich ein zutiefst verzweifeltes Wesen, das von panischen Ängsten überflutet wird und so etwas wie den Untergang seiner Welt erlebt.

Am Anfang seiner Bewusstseinsentwicklung sind die guten Eltern für das Kind die göttlichen Heroen, die das Ur-Chaos bändigen, die Licht, Sicherheit und Orientierung bringen. An ihrem Vorbild und unter ihrer Anleitung lernt es allmählich, selbst ein menschlicher Held zu werden, das heißt, mit Hilfe seines immer besser werdenden Wahrnehmungs- und Unterscheidungsvermögens, seiner erstarkenden Willenskraft und Selbständigkeit, seiner Trieb- und Gefühlskontrolle und seines erkennenden Denkens die Schwierigkeiten seines Daseins zu bewältigen und dessen Dunkelheiten aufzuhellen.

Aber das Leben führt den Menschen in den verschiedenen Altersstufen immer wieder vor neue, unbekannte Situationen, in denen er sein Scheitern befürchtet: Schule, Prüfungen, Beziehungen zu andern Menschen und zum anderen, fremden Geschlecht, Sexualität, Beruf, Geburt eigener Kinder, Älterwerden, Trennungen, Krankheiten, Unfälle, Tod. Wenn es ihm vergönnt war, gute Bewältigungsstrategien dafür zu lernen, wird er Hoffnung und Mut haben, auch diese Situationen zu meistern.

Aber nicht viele von uns haben diese guten Bewältigungsstrategien gelernt. Statt eines goldenen Schwertes des mutigen Denkens und der Entscheidungsfreude haben wir vielleicht nur ein verrostetes, altes, stumpfes Schwert zur Verfügung, das am ersten härteren Widerstand gleich zerbricht. Statt uns eines spiegelnden Schildes bedienen zu können, der uns Objektivität, Weisheit und Gelassenheit verleiht, lassen wir uns immer wieder von nervenaufreibenden Sorgen krank machen und von zermürbenden Streitereien verletzen. Oder statt uns von einem feurigen, starken Hengst neuen Zielen entgegen tragen zu lassen, schleppen wir uns mit einem riesigen Sack von fremdbestimmten Pflichten, Verantwortlichkeiten, Schuld- und Minderwertigkeitszuschreibungen im Kreis herum durch eine öde Landschaft.

Deshalb werden solche neuen Lebensphasen, die uns zum Weiterlernen und zur Wandlung aufrufen, zu Situationen großer Angst und Gefährdung. Hinter ihnen scheint der große Drache zu lauern, der uns zu verschlingen droht, der das orientierende Licht unseres Bewusstseins verdunkelt, unsere Handlungsfähigkeit hemmt und unseren Lebenssinn auflöst.

Aber der Drache ist häufig nur deshalb gefährlich, weil wir vor ihm fliehen. Das, was wir als Chaos, Unbekanntes und Fremdes fürchten, sind häufig neue Entwicklungsmöglichkeiten, unbekannte Aspekte unseres Selbst, die wir uns noch nicht vertraut gemacht haben. Früher malte man auf den Landkarten an den Grenzen, wo das noch unerforschte Gebiet begann, einen Drachen. Man sagte gewissermaßen: Das ist gefährliches, fremdes Gebiet, hier hausen Drachen, deshalb wird es nicht weiter erkundet. Aber die Heldenmythen ermutigen dazu, uns der Angst vor dem Neuen und Unbekannten zu stellen und den Drachenkampf immer wieder zu wagen.

„Drachenkampf" heißt psychologisch u. a. Angstüberwindung. Allerdings legt uns das Wort „Kampf" nahe, mehr an besiegen und töten zu denken als an überwinden und integrieren. In früheren Zeiten glaubte man noch, dass die beste Art, mit der Angst umzugehen, ihre Abtötung und Verdrängung sei.

Eine Frau erzählte, wie sie ihre Ängste schon als Kind unterdrücken musste: Ihr Vater verlangte zum Beispiel von ihr häufig, allein in den dunklen Keller hinab zu steigen, um Most zu holen. Dort unten hatte sie große Ängste, die sie tapfer beherrschte. Später glaubte sie, Ängste seien nichts als eine Schwäche, und ein erwachsener Mensch dürfe keine mehr haben. Später aber drängten sich ihre niemals erlaubten Ängste mit aller Gewalt in ihr Bewusstsein: Sie wurde von Fantasien geplagt, Männer würden sie überfallen oder in ihre Wohnung einbrechen. Dieses Fantasie- und Traummotiv von verfolgenden, vergewaltigenden und tötenden dunklen Gestalten finden sich relativ häufig bei Menschen, die gelernt haben, sehr hart mit sich selbst umzugehen und die weder Schwächen noch negative aggressive Impulse bei sich wahrnehmen dürfen.

Ängste aber sind gesunde, menschliche Reaktionen, die wir zur Lebensbewältigung brauchen. Der erste Schritt ist deshalb nicht ihre Unterdrückung oder Abtötung, sondern ihr Zulassen. Allerdings brauchen wir dabei so etwas wie den spiegelnden Schild des Perseus. Mit seiner Hilfe kann die Angst gerade so erträglich bleiben, dass sie uns nicht zerstört. Wenn wir vor etwas Angst haben, könnten wir beispielsweise so vorgehen:

Wir setzen uns in einen ruhigen Raum, in dem wir nicht gestört werden, entspannen uns (Schutzschild der Ruhe und Gelassenheit) bei leiser Musik und nähern uns unserer Angst ganz vorsichtig. Wir erkunden sie. Wir bewegen uns um die Angst herum, bis wir immer deutlicher spüren, was in ihrem Zentrum ist. Wir fragen uns, wovor wir eigentlich wirklich Angst haben, geben dieser vielleicht „namenlosen" Angst einen Namen und fantasieren uns aus, was denn schlimmstenfalls passieren könnte. Indem wir gerade das Schlimmste in unserer Vorstellung zulassen und immer wieder von allen Seiten ruhig betrachten, darüber nachdenken, es niederschreiben, malen oder sonstwie künstlerisch gestalten, gewöhnen wir uns an die befürchtete Situation. Durch die bannende Macht des spiegelnden Schildes des Perseus, der uns Distanz und Objektivität verleiht, wird die Angst allmählich geringer, so dass wir es wagen, uns andere Verhaltensweisen als Flucht oder Erstarrung auszudenken und auszuprobieren.

Das wiederholte Hineinwagen in unsere Angstfantasien gleicht dem Baden im Drachenblut, wie wir es aus der Siegfriedsage kennen, wodurch Siegfried bis auf eine kleine Stelle am Rücken unverwundbar wird. Oder es gleicht dem Essen des Drachenherzens, durch das Sigurd erfährt, dass ihn Kraft und Mut doppelt durchströmen. Indem wir das Essenzielle dessen integrieren, was uns zuvor fürchten gemacht hat – handele es sich dabei um noch nicht bewusste und ungelebte Seiten unseres Selbst oder um ungewohnte äußere Erfahrungen –, wird uns die Überwindung des Angst-Drachen zum Schatz des erweiterten Bewusstseins und neuer Lebensmöglichkeiten führen.

Die hier im Drachen latent vorhandene positive, schöpferische Kraft kommt außer in einigen uns bekannten westlichen Drachentötergeschichten besonders in den Drachenvorstellungen Indiens, Chinas und Japans vor. Dort ist der Drache auch ein Symbol der Fruchtbarkeit und schöpferischen Kraft, des langen Lebens, des Glücks und der Weisheit.

Vielerlei Ängste, Gefahren und Drachen hat der Held bisher auf seinem Selbstfindungsweg überwinden müssen: Er musste sich aus dem Gefängnis der frühkindlichen Fixierungen und Abhängigkeiten befreien, sich aus der Sehnsucht nach elterlicher Führung und Geborgenheit herauslösen und den Mut haben, zu sich selber, seinen eigenen Gefühlen und Gedanken zu stehen. Er musste das Risiko eingehen, herrschende gesellschaftliche Werte und Normen für sich in Frage zu stellen und damit in eine einsame Außenseiterposition hineinzugeraten, Schließlich musste er mit seinem Schattenbruder ringen. Die schwerste Aufgabe aber, die mit der tiefsten menschlichen Angst verbunden ist und damit auch sein größtes „Drachenproblem" darstellt, steht ihm noch bevor: die Auseinandersetzung mit der Unterwelt des Todes.

Abb. 19: Georgs Kampf mit dem Drachen (Paolo Uccello, um 1470, National Gallery, London). In diesem Gemälde findet sich eine interessante Variante des Drachenkampfes: Man weiß nicht recht, wer wen unter Kontrolle hat: der Drache die Königstochter oder die Königstochter den Drachen. Tiefenpsychologisch gesehen liegt die Deutung nahe, dass der männliche Held erst einmal den mit dem Weiblichen verbundenen Drachen töten muss, um einer Frau angstfrei gegenüberzutreten zu können. Dieser Drache ist aber nichts Äußeres, sondern zum einen die Angst vor dem „verschlingenden" Aspekt des Weiblich-Mütterlichen und zum anderen vor der Auseinandersetzung mit der klassischen Problematik des „Ödipuskomplexes" (tabuisierte Liebe zur Mutter – „Mutterdrache" – , Rivalität mit dem Vater, Angst vor dessen Macht und Strafe – „Vaterdrache") im Helden selber.

Stirb und Werde –
Die zweimal Geborenen

Nachdem Odysseus auf seiner Irrfahrt schon einige gefährliche Abenteuer bestanden hatte, lebten er und seine Gefährten über ein Jahr lang bei der mächtigen Zauberin Circe auf der Insel Aiaia. Dann aber überredeten ihn seine Männer zur Weiterreise. Circe sagte ihm, er müsse zunächst am Eingang der Unterwelt den Schatten des verstorbenen Sehers Teiresias aufsuchen. Ihn sollte Odysseus über sein weiteres Schicksal befragen. Odysseus und seine Mannschaft fürchteten sich vor dieser Fahrt. Circe sprach ihnen Mut zu und gab Odysseus genaue Anweisungen, wie er sich an der Grenze zum Hades zu verhalten habe. Auch erfuhr er von ihr, wie er mit den Verstorbenen in Kontakt treten könne. Dann schickte sie ihnen einen günstigen Wind, der sie bald in ein Reich ewiger Dämmerung trieb, in dem die Nebel so dicht waren, dass die Sonne sie kaum mehr durchdringen konnte.

Dort fand Odysseus den Eingang zur Unterwelt und vollzog sein Opferritual. Sogleich strömten die Schatten der Toten herbei, es waren verstorbene Helden, Könige und Königinnen, Männer und Frauen aller Epochen und jeden Alters. Von Teiresias erfuhr er, was er auf seiner Heimfahrt zu beachten habe und wie seine fernere Zukunft sich gestalten würde. Er sprach mit seiner Mutter, die ihm von seiner Heimat, seiner Frau Penelope, seinem Sohn und ihrer eigenen Sehnsucht nach Odysseus erzählte, an der sie gestorben war. Mehrmals versuchte er, sie zu umarmen, aber er konnte sie nicht fassen, sie entglitt ihm wie ein Traumbild. Als die Schatten der Toten ihn immer dichter bedrängten und er zu fürchten begann, es werde auch noch die fürchterliche Gorgo-Medusa mit dem versteinernden Antlitz erscheinen, packte ihn das Entsetzen.

Er floh zurück auf sein Schiff, wo seine Freunde schon ängstlich darauf warteten, endlich die Rückreise antreten zu können. Die Hadesfahrt war glücklich beendet. Als sie zu Circe zurückkehrten, wurden sie von ihr freudig begrüßt: „Zweimal schmeckt ihr den Tod, den andre nur einmal empfinden."

Auch das Motiv vom Abstieg des Helden in die Unterwelt, die manchmal Hades, Hölle, Jenseits oder auch Geisterreich genannt wird, findet sich in vielen Mythen und Religionen. Die Gründe für diesen meist sehr gefährlichen Abstieg sind sehr vielfältig: Die sumerische Göttin Ischtar steigt in die Unterwelt hinab, um ihren Sohngeliebten Tammuz, den sie vorher getötet hat und mit dem sie sich wieder vereinen will, zu suchen; Gilgamesch findet in der Unterwelt das Kraut der Unsterblichkeit, das ihm aber später von einer Schlange wieder gestohlen wird; Herakles soll als letzte seiner ihm gestellten Aufgaben den Höllenwachhund Kerberos aus dem Hadesreich heraufholen. Dazu muss er sich erst in die Eleusinischen Mysterien einweihen lassen, die auf dem Demeter-Persephone-Mythos beruhen und ebenfalls eine Unterweltsthematik beinhalten.

Odysseus möchte, wie wir oben gesehen haben, von der Seele des blinden Sehers Teiresias sein weiteres Schicksal erfahren. In der schamanistischen Tradition macht sich der Schamane auf die Jenseitsreise, um verloren gegangene Seelenanteile wieder zu finden oder das Heilmittel gegen eine bestimmte Krankheit zu erwerben.

Durch die Jenseitsreise versucht der Held also, Erkenntnisse über die Bestimmung seines Lebens zu gewinnen, die Mächte der Finsternis sollen überwunden, verdammte und verlorene Seelen befreit oder erlöst werden. Er will einen Blick in die Zukunft oder die Vergangenheit werfen und die Ursachen von geister- und dämonenbewirkten Erkrankungen herausfinden. Der Tod soll ausgehalten, das Leben erneuert und die „schwer erreichbare Kostbarkeit" gefunden werden. Die Begegnung mit der Unterwelt vermittelt ihm ein verändertes Bewusstsein und Einsichten, die auf keine andere Weise erworben werden können und die für das Leben von entscheidender Bedeutung sind.

Wenn es eine Handlung gibt, die den Helden zu einem „wahren" Helden in seinem konstruktivsten Sinn macht, dann ist es dieser Abstieg nach unten in das unheimliche Reich der Finsternis und des Todes. Die Begegnung mit der eigenen Schattenhaftigkeit, Abhängigkeit und Ohnmacht, mit der Endlichkeit unserer Existenz vermag uns so grundlegend zu wandeln wie kaum eine andere Erfahrung. Aber diese mögliche Wandlung scheint uns zu teuer erkauft. Wir meiden die Auseinandersetzung mit dem Tod und dem mit ihm verbundenen „Unteren", wo wir nur können.

Alles, was uns an unsere Sterblichkeit, Gebrechlichkeit, Schwäche und unser Ausgeliefertsein an ein ungewisses Schicksal erinnert, wird zum bedrohlichen „Unteren", das unsere Abwehr mobilisiert: unsere Stofflichkeit, die Erdhaftigkeit, die Körperlichkeit, die Analität und Sexualität, die Sinnlichkeit, die Triebhaftigkeit, die Emotionalität, die unbewussten Mächte und Kräfte unserer Seele und schließlich auch die Weiblichkeit, insofern sie uns daran gemahnt, dass wir geboren wurden und damit auch wieder sterben müssen.

Diesem „Unteren" setzen wir in unserer Kultur zwanghaft und verzweifelt das „Obere" entgegen, von dem wir alles Heil erhoffen. Das „Obere" ist der Himmel, die unsterbliche Geistigkeit, das Bewusstsein, der Kopf, das Denken und die Vernunft, es ist das Dauerhafte, das Ewige, der Sieg, die Macht, der Erfolg. Vieles von dieser Wertung, nach der alles „Obere" gut ist und alles „Untere" schlecht, finden wir in unserem Sprachgebrauch. Wenn wir uns gut fühlen, stark und überlegen, dann sind wir „obenauf", „topp" oder „ganz auf der Höhe". Einmal im Leben „ganz oben" zu stehen auf der Erfolgsleiter, das ist der geheime Wunschtraum vieler Menschen, denn das bedeutet, die „Hochgefühle" der Macht, des Einflusses, der Bewunderung und des Ruhmes zu erfahren und über den anderen Menschen zu stehen.

Dem entgegengesetzt, wird das „Unten" vorwiegend mit negativen Qualitäten und Eigenschaften versehen. Wir sind zum Beispiel „heruntergekommen", „abgestiegen" und „abgefallen" in die dunklen „Niederungen" des „Fleischlichen", Triebhaften und „Sündigen", der menschlichen Irrungen und Wirrungen. Wenn wir uns depressiv und schlecht fühlen, sind wir „down" oder gar „ganz unten", wir haben unseren „Tiefpunkt". Ein „Absteiger" zu sein bedeutet, im Ansehen seiner Umwelt zu sinken, etwas von seinem Status, seinem Prestige, seiner Macht, seiner Größe zu verlieren. Es findet eine Reduktion, eine Depression und Verkleinerung der Persönlichkeit und des Ich statt, die niemand gerne, schon gar nicht freiwillig, erleidet.

Auch von dem Abstieg in die Tiefen der eigenen Persönlichkeit haben wir aus dem gleichen Grunde Angst. Dort unten stößt man nämlich zuerst auf das Dunkle, auf den Schatten, auf das Menschlich-Allzumenschliche und die Natur und Triebseiten des eigenen Wesens. Ein Mann meinte einmal auf meine Frage, was er denn befürchte, wenn er seine halbbewussten Fantasien frei „aufsteigen" ließe: „Ich habe Angst, dass dann der ganze Schmutz und Dreck, das Böse und Schlechte von mir rauf kommen."

Das hatte er geradezu klassisch formuliert und erahnt. Dass das „wahre" Selbst nach Vorstellung der alten Alchimisten gerade dort gefunden wird, wo es am wenigsten gesucht wird, nämlich im Schmutz der Straße („in stercore invenitur"), war für ihn zwar tröstlich, motivierte ihn aber wenig, sich diesem Bereich weiter zu öffnen. Verständlich, denn die Angst vor dem „decensus ad inferos", dem Abstieg zu den Niederen, ist vielschichtig. Es droht nicht nur eine Reduktion des Selbstbildes, sondern auch eine Begegnung mit angst auslösenden, verdrängten Komplexen und anderen autonomen Faktoren der Seele.

In der Begegnung mit unserer unbewussten Unterwelt drohen Schmerzen und Leiden, die Erfahrung eigener Sinnlosigkeit und Leere, infantiler Abhängigkeit und Hilflosigkeit, aber auch das

Erleben von kaum beherrschbarer Aggression und Destruktion. Da fließt das Blut, da wird zerstückelt und zerhackt, da wird verführt und vergewaltigt, da werden Inzeste vollzogen, da wird gefressen und geschissen, da tauchen unerträglich blamable Erinnerungen auf, man schämt sich wegen seiner Überheblichkeiten und Eitelkeiten, wegen seiner Kleinheit und Schwächlichkeit.

Schließlich befürchten wir auch die Auflösung der Persönlichkeit und den „Ich-Tod". Der Abstieg in die seelische Unterwelt kommt einem also wie eine wahre „Höllenfahrt" vor. Dort „unten" lauert der Schatten, lauert das Böse und Hässliche, lauert der Tod. Diese dunklen, ängstigenden Seiten unseres Wesens – die „Hüter der Schwelle" – schrecken die meisten Menschen auf dem Wege zu sich selbst ab. Sie möchten sich statt dessen am liebsten mit Hilfe unpersönlicher Verfahren sogleich nach „oben" gen Himmel schwingen und verlieren sich dabei doch nur selbst.

Von Gautama Buddha wird berichtet, er habe seinen Schülern empfohlen, sich monatelang unter Sterbenden und Toten aufzuhalten und bei zerfallenden Leichnamen zu meditieren, damit ihnen die Eigenart und Vergänglichkeit der menschlichen Existenz bewusst würde und sie den Weg der Befreiung fänden.

Die Philosophen des Altertums bis zur Gegenwart erinnern uns beständig daran, dass der Tod unser weisester Lehrmeister ist. Menschen, die wissen, dass sie bald sterben müssen, und sich mit ihrem nahenden Tod angefreundet haben, sagen häufig, dass sie erst jetzt angefangen hätten, richtig und bewusst zu leben. Sie sagen, sie würden Stunden höchster Intensität erfahren, sie seien ruhiger, gelassener, friedvoller, ja sogar heiterer geworden, sie seien für viele kleine Augenblicke und Begegnungen, an denen sie früher achtlos vorbeigegangen waren, empfänglich und dankbar. Das Alltägliche, das sie zuvor oft langeweilig und grau empfunden hätten, hätte wieder einen besonderen Zauber entfaltet und sie würden entdecken, dass die ganze Existenz in vielerlei Hinsicht ein außerordentliches Wunder sei.

Abb. 20: Die Entfesselung von Tod und Hölle (Gustave Doré, Vision des Todes, um 1886, Bibelillustration). Die Gewissheit des Todes kann zu einer „Umwertung der Werte" führen. Was vorher wichtig erschien, wird nun unwichtig, was vorher nicht beachtet wurde, wird zur Offenbarung. Wesentlicheres kann nun ins Bewusstsein treten. Wie bewerte ich mein Leben und meine Handlungen angesichts meiner Endlichkeit?

Jung schrieb nach einem Herzinfarkt, der ihn in Todesnähe gebracht hatte, an eine tödlich erkrankte Kollegin:

Alles in allem war mir meine Krankheit eine überaus wertvolle Erfahrung; sie gab mir die kostbare Gelegenheit, einen Blick hinter den Schleier zu tun. Nur das ist schwierig: sich vom Körper zu lösen, nackt zu werden und leer von Welt und Ich-Willen. Wenn man den rasenden Lebenswillen aufgeben kann, und wenn es einem vorkommt, als fiele man in bodenlosen Nebel, dann beginnt das wahre Leben mit allem, wozu man gemeint war und das man nie erreichte. Das ist etwas unaussprechlich Großes. Ich war frei, vollständig frei und ganz, wie ich mich nie zuvor gefühlt hatte [...].

Es war ein stummes, unsichtbares Fest, und ein unvergleichliches, unbeschreibliches Gefühl ewiger Seligkeit durchdrang es; nie hätte ich geglaubt, dass ein solches Gefühl im Bereich menschlicher Erfahrung läge. Von außen gesehen und solange wir außerhalb des Todes stehen, ist er von größter Grausamkeit. Aber sobald man darin steht, erlebt man ein so starkes Gefühl von Ganzheit und Frieden und Erfüllung, dass man nicht mehr zurückkehren möchte."[26]

Die Begegnung mit dem Tod kann in vielerlei Hinsicht zu einem Schlüssel werden, der uns neue Bewusstseinsräume öffnet und tiefe Lebenswerte zugänglich macht. Das Erschütterndste und zugleich Befreiendste daran ist für manche die Einsicht, dass es im Leben auf nichts wirklich ankommt und wir innerhalb gewisser Grenzen doch auch sehr frei sind, zu tun, was wir tun wollen, wenn wir dafür die Verantwortung übernehmen.

Das ganze Ausmaß dieser Freiheit zu ertragen, ist allerdings für uns meist so schwer, dass wir uns lieber in Zwänge und Abhängigkeiten hinein verwickeln lassen, um das Geschenk, das die Gewissheit des Todes uns macht, nicht wahrnehmen zu müssen. Denn in dieser Freiheit liegen auch Ungeborgenheit, Unsicherheit und Unbeständigkeit. Wenn es angesichts des Todes auf nichts wirklich ankommt, dann kommt es auch nicht mehr auf unsere Wichtigkeit und Bedeutsamkeit an, auch nicht auf unsere persönliche Geschichte, Vergangenheit und Zukunft oder auf die vielen anderen Dinge, an denen wir uns so verzweifelt festklammern. Übertriebener Ehrgeiz, Stolz und Machtgier stellen sich als krank machende Wahngebilde heraus.

Die ernsthafte Auseinandersetzung mit der Sterblichkeit führt zu einem „Ich-Tod" insofern, als wir uns von allen jenen Vorstellungen befreit, mit denen wir uns vorher fälschlich und illusorisch identifiziert haben, zum Beispiel mit unserer Besonderheit, Grandiosität und Allmacht oder auch mit unserer Allschuld. Das „Ja" zu diesem „Ich-Tod" ist aber zugleich auch ein „Ja" zum Leben und zum Selbst.

Indem wir wagen, unsere Vorstellungen von uns selbst, unserem Können und Vermögen, in Frage zu stellen und zu relativieren, uns von unseren überhöhten Größenvorstellungen, unseren Minderwertigkeitsgefühlen und unseren Schuldzuschreibungen zu lösen, gewinnen wir jenen überpersönlichen Standpunkt, der es uns ermöglicht, zu einer schöpferischen, freien Einstellung zu finden, die in einem fruchtbaren Verhältnis zu dem Ganzen der Persönlichkeit und der Umwelt steht.

Dann zeigt sich, dass der gefürchtete Weg nach unten vom alten Ich-Bewusstseins-Standpunkt her gesehen zwar ein „Abstieg" und ein Tod ist, zugleich aber auch ein Weg aufwärts. Der Abstieg bringt eine Erhöhung beziehungsweise Vertiefung des Lebens, das Leiden des Ich-Bewusstseins führt zur Erlösung des Selbst, das Eintauchen in den Todesbereich führt zu einer Neugeburt.

Der neue Mensch, der durch den symbolischen „Ich-Tod" gegangen ist, ist kein ewiger, unsterblicher, sondern er ist ein durch den Tod gewandelter Mensch. Er ist ein Mensch, der die Flucht vor sich und dem Tod aufgegeben hat und der deshalb zu neuem Leben und zu neuer Lebendigkeit erwacht. Er nimmt das Wunder und das Geschenk des Lebens wahr in seiner ganzen Paradoxie und Schönheit und beginnt, es in Liebe zu feiern.

In den Mythen, Märchen und Erzählungen wie auch in unseren Träumen spiegelt sich diese Neuwerdung und Rückkehr, der Aufstieg aus dem Schatten- und Todesreich der Seele, in vielfältigen Bildern und Symbolen.

Während der Abstieg die Regression sich in Bildern der Dunkelheit, der Nacht, des Winters, der Verlassenheit und Einsamkeit, der Desorientierung, der Krankheit, der Gefahr, der Zerstörung, der Auflösung und auch in noch vielen anderen, teilweise oben schon erwähnten Symbolen darstellt, kündet sich die glückliche Wiederkehr – die Progression – in gegenteiligen Symbolen an. Meist sind es Anfangs-, Licht-, Ordnungs- und Vereinigungssymbole: der Frühling, das neugeborene Kind, das Grünende und Farbige, die Dämmerung und der Tag, die Sonne und das Licht, das Mandala, die Herstellung eines guten Kontaktes zu Mitmenschen, das gesellige, feiernde Beisammensein, der Tanz, die Feier, die glückliche sexuelle Vereinigung.

Etwas von dieser neuen Haltung dem Leben gegenüber, die durch die Auseinandersetzung mit dem Tod gewonnen wird, kommt in folgendem Traum zum Ausdruck. Ein vierzigjähriger Mann, der mitten in einer schwierigen Trennungsproblematik stand und damit auch in einer Stirb-und-Werde-Situation, träumte diesen wunderschön-einfachen Traum wie einen Film, in dem er aber zugleich auch selber der Hauptdarsteller war.

Ein Mann von etwa fünfundvierzig Jahren lebt in einem kleinen Dorf. Eines Tages verabschiedet er sich von allen Dorfbewohnern, indem er in die Kirche geht, sich an die Orgel setzt und ein Musikstück improvisiert. (Der Träumer meint dazu, er habe noch niemals eine solche intensive und großartige Orgelmusik gehört wie in diesem Traum.) Die Musik ist sein Abschiedsgeschenk an die Dorfbewohner. Dann geht er einfach davon.

Er kommt an einen Fluss und besteigt ein größeres Floß. Er sitzt glücklich unter dem Segel und treibt mit seinem Floß gelassen den Fluss entlang dem Meere zu. Es ist eine heitere, sonnige Nachmittagsstimmung. Gelegentlich legt er an, und Menschen, die ihn begleiten wollen, steigen zu. Sie sprechen miteinander, sie singen und trinken, sie freuen sich am Dasein.

Dies ist zwar kein klassischer Heldentraum, denn es fehlen ihm die kämpferischen Elemente, er weist aber dennoch deutliche Motive des Heldenweges auf und erinnert auch ein wenig an Odysseus: die Ablösung aus einer kollektiven Herkunft (Dorf), die schöpferische Tat (Musikstück), das Hinter-sich-Lassen seiner persönlichen Geschichte und Abhängigkeit, das Unterwegssein und das Sich-Anvertrauen an einen tragenden Lebensstrom. Wenn wir den Traum nicht als eine unrealistische Aussteiger-Fantasie deuten wollen, sondern ihn symbolisch sehen, dann könnte er die Möglichkeit einer Lebensweise verbildlichen, die durch wohlwollende soziale Beziehungen und durch ein schöpferisches Im-Einklang-Sein mit sich selbst und mit der Dynamik des Lebens (die Floßfahrt auf dem Fluss, dem Meere als dem Ursprung und Ende des Lebens zutreibend) bestimmt ist.

Das Erleben einer solchen individuellen Ganzheit und Einheit, die durch das Wissen um die Endlichkeit der eigenen Existenz, die Relativierung der Bedeutsamkeit des „Ich" und die tiefe Bejahung des Lebens zustande kommt, vermag einem in gelegentlichen Augenblicken das Gefühl von hintergründigem Glück, von Frieden, von Ekstase oder auch heiterer Gelassenheit zu schenken.

Häufiger aber scheint es sich dabei um eine mehr meditative Mischung aus merkwürdigen Stimmungen verschiedenster Art zu handeln: Ein überwältigendes Staunen und Wundern, ein ungläu-

biges Kopfschütteln und Zweifeln, ein Schwanken zwischen Besonderheit und Kleinheit, ein melancholischer Humor, eine heitere
Resignation, eine närrische Weisheit und eine mitfühlende, ohnmächtige Liebe dieser ganzen unfasslichen menschlichen Existenz
gegenüber.

Abb. 21: Der Frühling (Sandro Botticelli, um 1482/1487, Uffizien, Florenz).
Nachdem man sich mutig in die schauerlichen Abgründe und Finsternisse seiner Seele hineingewagt hat und selbst dem Tod ins Auge zu schauen wagte, können sich schöpferische Kräfte entfalten und das Leben aus einer neuen Perspek-
tive gesehen werden.

Die Befreiung der Gefangenen –
Schöpferisches Leben in Freiheit und Liebe

Nachdem Sigurd den Drachen getötet hatte, ritt er zur Höhle, in der der Schatz lag; die Vögel riefen hinter ihm her: „Nimm den Schatz, kühner Held, und gewinne dir dazu ein schönes Weib!" „An Gukis Hof wartet eine auf dich!" „Nein, auf dem Hindenberg sitzt die rechte, von Glut umlodert, nur dem Kühnsten ist sie bestimmt, der die Furcht nicht kennt!' [...]

Weit ritt Sigurd durchs Land, dem Süden zu, und kam zum Hindenberg; von den Gipfeln schien Glut zum Himmel zu schlagen, als brenne ein großes Feuer. Näher reitend sah er, dass der Glanz der Sonne wider strahlte von blanken Schilden, die waren wie eine Mauer rundum gestellt, und über der Schildburg wehte ein Banner. Er saß ab und ging hinein in die Burg. Dort lag ein Mensch in voller Rüstung und schlief.

Sigurd zog ihm den Helm vom Haupte; da fielen lange Flechten herab, und er sah, dass es ein schönes Weib war. Darauf wollte er ihr den Panzer abziehen, aber der saß so fest, als wäre er ans Fleisch gewachsen. Mit seinem Schwert schlitzte er ihr vom Hals herab die Brünne an der Brust auf und danach an den Armen, Gram schnitt durch den Stahl wie durch Tuch; und als der Druck des Panzers wich, erwachte die Frau. Sie fuhr empor und sprach mit fliegendem Atem: „Wer zerschnitt mir die Brünne? Wer brach meinen Schlaf? Wer befreite mich aus der dunklen Fessel?" „Sigurd, Sigmunds Sohn!" antwortete der Held.

Sie fuhr sich mit der Hand über die Stirn, mühsam schien sie sich zu erinnern: „Lange lag ich in lastendem Schlummer nach Odins Willen – ich konnte mich dem Schlaf nicht entwinden."

[...] Sie reichte ihm den Met und sprach: „Heil dir, furchtloser Held! Stärke und Ruhm sollst du dir trinken, Weisheit und Liebe, wie es die Runen verheißen, die auf dieses Horn geritzt sind!"

Lange saßen sie zusammen und redeten miteinander, und er vernahm von ihr verborgene Kunde, wie sie nur die kennen, die Allvater nahe sind. Immer klüger und schöner erschien ihm die Frau, und als sie zu ihm sprach: „Nun wähle dein Schicksal, mein Held!" erwiderte er: „Nur dich will ich haben!" Darauf sagte sie: „Nur dich will ich und keinen anderen, und könnte ich wählen unter allen Königen der Welt!" [27]

Nach der Überwindung der großen Gefahr (Drache) und der geglückten Rückkehr aus der Todeszone dürfen sich Held und Heldin endlich in die Arme schließen. Jetzt dürfen sie einander gehören. Mit der gelungenen Heldenfahrt sind meist noch andere Belohnungen verbunden: Ein Schatz, ein halbes Königreich, Königtum oder Berühmtheit. Schließlich zeugen sie häufig noch ein Kind, das ihr Glück komplett macht. Zu allgemein bekannt ist dieses Schema, als dass viele Belege dafür aufgeführt werden müssten: Perseus befreit, nachdem er das versteinernde Medusen-Haupt abgeschlagen hat, die Andromeda, die dem Meeresungeheuer geopfert werden soll; Odysseus kehrt nach zwanzig Jahren Irrfahrt zu seiner treu wartenden Frau Penelope zurück; und auch Herakles findet schließlich seine weibliche Ergänzung. Allerdings wird die Befreiung oder Gewinnung der Jungfrau in vielen Mythen keineswegs geradlinig und einfach dargestellt. Häufig muss der Held erst bis an die Grenzen seiner Fähigkeiten gehen, und oft muss er sich erst mit sehr vielgestaltigen Formen des Weiblichen auseinandersetzen, bis ihm ihre Erlösung gelingt.

Besonders Herakles scheint es schwer gehabt zu haben, seine „Weiblichkeit" zu finden. Erst tötet er im Wahnsinnsrausch seine Ehefrau Megara, dann wird ihm die von ihm begehrte Königstochter Iole verweigert, und nach einem weiteren Wahnsinnsanfall muss er für drei Jahre in die Dienste der Königin Omphale treten.

Es wird erzählt, dass er bei ihr Frauenkleider tragen und spinnen musste, während sie sein Löwenfell und seine Keule trug. Diese Weiblichkeitskur scheint ihm gut bekommen zu sein, denn nach diesen drei Jahren ist er von seinem Wahn geheilt. Schließlich vermählt sich Herakles mit Deineira, die ihm dann, als er sich wieder um die Königstochter Iole bemüht, aus Eifersucht das Nessoshemd schickt, in der Hoffnung, auf diese Weise seine Liebe an sich zu binden. Dieses Hemd ist mit dem Blut des Kentauren Nessos getränkt, den Herakles einmal getötet hatte und hat tödliche Wirkung, was Deineira allerdings nicht weiß. So erfüllt sich für Herakles eine alte Prophezeiung, nach der er nicht durch die Hände eines Lebenden, sondern durch einen Toten sterben werde. Das Gift des Nessoshemdes brennt sich tief in sein Fleisch, er kann es nicht mehr herunterreißen. Von unerträglichen Qualen gepeinigt, lässt er sich auf einem Scheiterhaufen verbrennen. Im Olymp verleiht ihm Zeus die Unsterblichkeit und gibt ihm Hebe, die Göttin der Jugend und der ewigen Schönheit, zur Gattin. Also doch noch ein Happy-End für Herakles, wenn auch erst im Himmel.

Die Befreiung und Gewinnung des „Weiblichen" ist nicht nur für den Helden als dem schöpferischen Menschen von tiefgreifender Bedeutung, sondern auch für die Überwindung unserer offenbar krank gewordenen Gesellschaftsstruktur. Unsere Welt, unsere Gesellschaft, Kultur und Religion sind entwurzelt und leiden an dem Fehlen positiver weiblicher Werte. Das Fehlen des weiblichen Prinzips – sei es als Bios, d. h. Erde, Natur, Körperlichkeit, sei es als Eros, d. h. als Beziehung, Liebe, Sexualität, Schönheit[28] –, scheint u. a. damit zusammenzuhängen, dass in Männern wie in Frauen immer noch eine tiefe Ambivalenz dem „Weiblichen" gegenüber vorhanden ist. Um diese Ambivalenz zu verstehen, hilft es, zur Situation der frühen Kindheit zurückzukehren. Für ein Kind ist die Mutter als zentrale Bezugsperson tatsächlich eine übermächtige Gottheit, die über Wohl und Wehe seiner Existenz bestimmt. Ihre Macht ist in gewisser Weise grenzenlos. Das Lächeln und der strahlende Blick der Mutter schenken das Paradies auf Erden, ihre Abwendung und Abweisung sind die Hölle. Die für die Identitätsbildung notwendige Unterscheidung und Ablösung von dieser mütterlichen Gottheit ist für uns von daher mit vielen existentiellen Ängsten und tiefen Schuldgefühlen verbunden. Wir fürchten nicht nur den Verlust verstehender Liebe, Sicherheit und Geborgenheit, sondern auch den Zorn und die Rache der „Großen Mutter".

Besonders tragisch ist dieser Konflikt zwischen Symbiose und Autonomie beim Mann. Um eine vom „Weiblichen" unterschiedene Identität zu finden, richtet er sich häufig unbewusst nach der Formel: „Männlich sein heißt, anders als die Mutter und die mit ihr verbundenen Gefühle zu sein, heißt, nicht weiblich zu sein."[29] Dadurch muss der Mann wesentliche Seiten und Bedürfnisse seiner mann-weiblichen Ganzheit abspalten und verdrängen.

In der Beziehung zur Frau ersehnt sich der Mann zwar zutiefst, jene ungelebten Bedürfnisse seines Wesens wieder beleben zu können, befürchtet gleichzeitig aber, es könnten sich die frühkindlichen emotionalen Abhängigkeiten und Ängste wiederholen, die mit der Mutter als der ersten übermächtigen Beziehungsperson verbunden sind.

Die Frau als Repräsentantin einer verdrängten, aber um so sehnlicher begehrten mütterlichen Welt erweckt in ihm eine Vielzahl tief unbewusster, unformulierbarer und widersprüchlicher Gefühle. Er erlebt an ihr zum Beispiel die unstillbare Sehnsucht nach Verschmelzung und Einheit, nach dem wortlosen Verstandenwerden, nach dem bewundernden, wonnevollen Blick, aber auch die existenzielle Angst vor dem Hilflos-, Angewiesen- und Ausgeliefertsein, dem Alleingelassenwerden, der Auflösung des Ich.

In der Begegnung mit ihr erfährt er immer wieder das beschämende Gefühl, der Getriebene und moralisch Unterlegene zu sein und spürt die tödliche Wut auf die nicht zu überwindende Abhän-

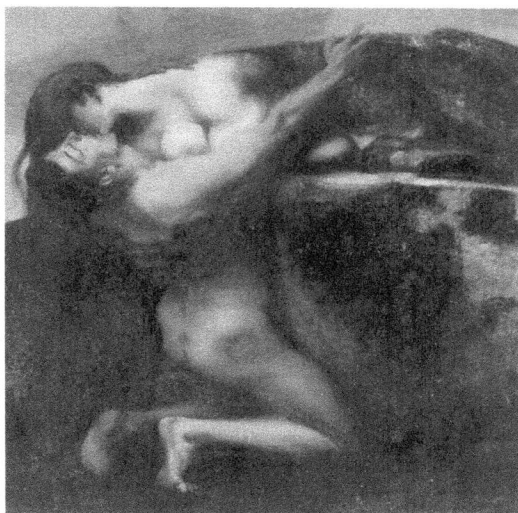

Abb. 22: Der Kuss der Sphinx (Franz von Stuck, 1895, Museum d. bild. Künste, Budapest). Die Frau als triebhafte Raubkatze und ewiges Rätsel, als heimtückisch rachesuchende „Femme fatale" und ewige Sehnsucht, wie sie das Fantasie- und Traumleben von Männern häufig beherrscht.

gigkeit vom Weiblichen und der mit ihr verbundenen Sexualität, die ihn in ihrer Faszination immer wieder seiner Freiheit und Autonomie beraubt.

So ist der Mann in den vielfältigsten Formen immer wieder auf der Suche nach der Frau, oder besser: auf der Suche nach seinen verlorenen primären menschlichen Eigenschaften, die er unvermeidlich mit der Frau verbindet und immer wieder auf der Flucht vor der Frau, oder besser: auf der Flucht vor seinen frühkindlichen Ängsten und Abhängigkeiten. Das macht die tiefe Ambivalenz des Mannes der Frau gegenüber aus: Einerseits ersehnt er sich in ihr die liebende Mutter, mit der er sich glückselig vereinen kann, andererseits projiziert er auf sie die gefährliche, tötende Sphinx. Ständig schwankt er zwischen Idealisierung, Vergöttlichung und Abwertung und Verteufelung der Frau. Er kann sie deshalb in der Regel nicht als normalen, gleichwertigen Menschen wahrnehmen.

Die beschriebenen Schwierigkeiten im Umgang mit dem fremden und dem eigenen Weiblichen äußern sich beim Mann außer in der Abwertung des Weiblichen auch in vielen Beziehungsstörungen, sexuellen Neurosen und selbstdestruktiven Verhaltensweisen, zum Beispiel in der Verdrängung seiner Körperlichkeit und seiner Gefühlswelt, in der Zerstörung seiner spontanen Sinnlichkeit, im Verlust seiner Liebesfähigkeit und im Verfallen an ein ständiges „Dauerpotenzgebaren".

Er fixiert sich verzweifelt auf jenes kleine Organ, von dem er sich die Erlösung aus seiner Ambivalenz erhofft: seinen Penis. Sein Penis soll ihm ein Garant dafür sein, dass er anders ist als das mächtige Weibliche, das ihn ständig zu überwältigen droht. Sein Phalluskult soll ihm die Bestätigung geben, unabhängig, groß, stark, standhaft, autonom und frei zu sein. Dieses Verfallensein an ein übersteigertes Phallusprinzip macht aus dem Mann einen ständig gehetzten Menschen, immer in Eile, immer im Konkurrenzdenken und in Rivalität, immer latent aggressiv, immer in Siegerpose. Erholung, Pause machen, Entspannung: das käme ja einer „Erschlaffung" gleich, die auf keinen Fall zugelassen werden darf, weil sich dann vielleicht die so tiefen, aber so sehr verdrängten Bedürfnisse nach Passivität, Hingabe und Loslassen melden könnten. Lieber stirbt er dann auch einen „Heldentod" durch das Versagen seines so heroisch-kämpferischen Herzens im Infarkt. Es gibt nicht wenige Männer, die sich der Zahl ihrer überlebten Herzinfarkte rühmen, als handele es sich um Verwundungen und Verletzungen, die sie aus einer heroischen Schlacht heimgebracht haben.

Auch Sigurd kann sich einem solchen dauerphallischen Heroismus letztlich nicht entziehen. Trotz seiner so verheißungsvollen Begegnung mit Brynhild, von der wir gelesen haben, in der sie sich verloben und heilige Eide schwören, macht er sich gleich wieder in den Kampf auf. Es gilt, den Vater zu rächen, und auf diese Rache folgen noch viele weitere Kriege und Fahrten. Schließlich gelangt er an den Hof König Gjukis, von dem schon die Vögel nach seinem Drachenkampf sprachen, und durch einen Zaubertrunk, den ihm die alte Königin reicht, vergisst er Brynhild endgültig. Stattdessen verliebt er sich in ihre Tochter Griemhild und heiratet sie. Später rächt sich Brynhild für diesen Treuebruch und Verrat Sigurds. Sie verursacht seine Ermordung und bringt sich dann selbst um. Sie hofft, wenigstens im Totenreich mit Sigurd verbunden zu sein.

Es reicht eben nicht aus, nur kurzfristig einmal mit seiner „Weiblichkeit" in Kontakt getreten zu sein. Integration des Weiblichen heißt letztlich auch beständige Treue zu ihr. Sigurd verfällt durch den Zaubertrank der alten Königin wieder seinem alten „Mutterkomplex" und damit seiner Unbewusstheit dem Weiblichen gegenüber, was sich bitter rächt.

Frauen spielen in vielerlei Hinsicht das destruktive Heldenspiel des Mannes mit. Obwohl sie meist hintergründig deutlich spüren, was es mit der vermeintlichen Stärke des Mannes auf sich hat, nähren sie doch den männlichen Überlegenheitswahn, weil ihnen das unbewusst etliche Vorteile bietet. Indem eine Frau sich beispielsweise auf eine abhängige Mutter- und Hausfrauenrolle festlegen lässt, entgeht sie der Rache ihrer inneren „Großen Mutter", welche Autonomie und Eigenständigkeit mit Verfluchung, Verstoßung und Verlassenheit ahndet.

Während der Mann häufig deshalb auf infantile Verhaltens- und Erlebensweisen fixiert bleibt, weil er wesentliche Seiten seines „weiblichen" Wesens verdrängen muss und zu früh in eine nur-männliche Rolle und Autonomie gedrängt wird, werden bei der Frau häufig von Anfang an Autonomiebestrebungen wenn nicht unterbunden, so doch viel weniger gefördert. Sie bleibt deshalb auch mit ihrer Mutter in hohem Maße identifiziert.

Der „Drachenkampf" und die „Befreiung der Gefangenen" können deshalb für Mann und Frau verschiedene Bedeutungen annehmen. Während es für den Mann um die Wiederherstellung einer schöpferischen Beziehung zu seinem verloren gegangenen „Weiblichen" geht, geht es bei der Frau um die Überwindung ihrer Angst vor der Eigenständigkeit, vor der Auflösung ihrer Identitätsbeziehung mit der Mutter und um das Finden ihrer eigenen weiblichen Identität. Das wird aber dadurch sehr erschwert, dass viele Frauen die Abwertung des weiblichen Prinzips im Patriarchat so sehr übernommen haben, dass sie sich als Frau heimlich selbst verachten und sich mit einer männlichen Rüstung versehen haben wie Brynhild, deren Panzer fast mit ihrem Körper verwachsen ist, so dass Sigurd ihn nur mit seinem Schwert abzulösen vermochte.

Auch Frauen müssen ihre „Männlichkeit", ihren inneren Helden, so weit entfalten, dass ihnen das Schwert der entschlossenen Unterscheidungskraft zur Verfügung steht, um ihre Identifikation mit einengenden patriarchalen Vorstellungen auflösen zu können. Erst dann werden sie aus ihrem dornröschenhaften Schlaf erwachen und zu ihrem Selbst und ihrer Weisheit finden.

In den Träumen von Frauen stößt man aber recht selten auf einen solchen erlösenden Helden, viel häufiger scheint da sein schattenhafter Gegenspieler wirksam zu sein. Sie träumen von unbekannten männlichen Gestalten, von denen sie verfolgt, gequält, vergewaltigt und getötet werden.

Natürlich kann man diese Traummotive darauf beziehen, wie Frauen die Männer in unserer Gesellschaft erleben. Aber ich denke, dass man sie auch als Ausdruck der inneren „Männlichkeit" von Frauen verstehen muss. Viele Frauen können ihrem Partner, ihren Kindern und Eltern gegenüber sehr verständnisvoll, einfühlsam und hilfsbereit sein, sich selbst gegenüber aber sind sie oft von einer unerbittlichen Härte, Schärfe und Strenge. Sie verfolgen sich mit hohen Ansprüchen und Idealvorstellungen, quälen sich mit Minderwertigkeits- und Verpflichtungsgefühlen, vergewaltigen sich, indem sie auf ihre eigene Identität verzichten, und töten ihre Lebendigkeit, indem sie ihre Bedürfnisse und Sehnsüchte verleugnen. So müssen auch sie auf einem langen heldenhaften Weg ihre gefangen gesetzte weibliche Identität befreien.

Die Integration des weiblichen Prinzips als Bios oder Eros ist beim Mann wie bei der Frau häufig mit stark tabuisierten Gefühlen verbunden. Eine Frau von dreißig Jahren träumte zum Beispiel:

Ich bin mit einer unbekannten Frau, die so um die Fünfzig ist, in einem Raum. Diese Frau ist nackt, sie fängt an, mich zu locken, zu streicheln, zu verführen, und will, dass ich mich auch ausziehe. Erst wehre ich mich ein wenig, dann lasse ich es zu, und es beginnt mir zu gefallen. Sie ist in ihrer Zärtlichkeit ziemlich heftig.

Diesen Traum zu erzählen fiel der Träumerin sehr schwer, weil sie befürchtete, er könne lesbische Bedürfnisse bei ihr anzeigen. Auch für Männer ist der Zugang zum „Weiblichen" häufig durch die Angst vor der Homosexualität oder vor einer „Verweiblichung" sehr erschwert. Ein zweiundvierzigjähriger Mann träumte:

Ich bin in einer Therapiestunde. Der Therapeut sitzt auf der Couch. Ich liege neben ihm, mein Kopf ist auf seinem Schoß. Ich bin nackt, und er hat mir eine warme Wolldecke übergelegt. Er streichelt mich sanft. Ich fühle mich wie ein kleines Kind. Ich genieße die Ruhe, die Zärtlichkeit, die Wärme. Ich schlafe selig ein.

Dann träume ich im Traum weiter: Ich sehe einen fremden Volksstamm. Dunkelhäutige, nackte Männer tanzen miteinander. Sie stehen eng hintereinander gedrängt und bewegen sich rhythmisch im Kreis. Dann bleiben sie stehen und drehen sich zur Mitte. Ihre Penisse sind erigiert, und sie beginnen zu onanieren, bis sie einen Orgasmus haben. Es liegt ein feierlicher Ernst über dieser Handlung. Es ist kein Wettbewerb, sondern eher ein

Ritual des gegenseitigen Verstehens, der Verbundenheit und der Freundschaft. Dann brechen die Männer in wahnwitzige Freude und Heiterkeit aus.

Den Träumern, der Frau und dem Mann, waren ihre Träume sehr unangenehm, peinlich. Was sollten sie damit anfangen? Die Gefühle und Bedürfnisse, die sie im Traume zeigten, waren ihnen fremd. Zuneigung, Liebe und Sexualität Menschen des eigenen Geschlechtes gegenüber zu empfinden, das schien ihnen ungeheuerlich, abartig. Fast meinten sie, so etwas zu tun hätte ihnen nicht einmal im Traum einfallen können.

Und dennoch: Ihre unbewusste Seele hatte diese Bilder erzeugt und hatte sie ihnen nachdrücklich vor Augen gestellt. Die Ganzheit unseres Wesens äußert sich meist in Formen, die von der traditionellen Gesellschaftsmoral abgelehnt werden.

Ein entscheidender Wesenszug des schöpferischen Menschen ist ja gerade, dass er es wagt, auch das Unerlaubte und Tabuisierte zu tun. So musste sich die Träumerin zugestehen, dass sie in sich nicht nur ein starkes Bedürfnis nach Mütterlichkeit, sondern auch nach reifer, sinnlicher Weiblichkeit trug, und sie begann zu verstehen, dass hinter dieser unbekannten Frau, mit der sie sich sexuell verbinden sollte, die Sehnsucht nach in vielerlei Hinsicht autonomer Weiblichkeit stand.

Und der Mann musste erkennen, dass die Integration des Weiblichen nicht nur heißt, ein besseres Verhältnis zu Frauen zu gewinnen, sondern auch mit anderen Männern „weiblicher", das heißt wohlwollender, einfühlsamer und freundschaftlicher umzugehen, anstatt in ihnen nur Rivalen und Konkurrenten zu sehen.

Die Erlösung der Jungfrau ist somit die Erlösung des weiblichen Prinzips im Mann wie in der Frau. In einer partnerschaftlichen Beziehung, in der die festgeschriebenen Zuweisungen darüber, wie man als Mann oder Frau zu sein hat, überwunden werden, können Mann und Frau für sich selbst, füreinander und miteinander die verschiedensten Formen menschlicher Existenz und menschlichen Erlebens realisieren. Jeder darf sowohl Kind als auch Erwachsener, Geliebter und Geliebte, Vater und Mutter, Held und Erlöste, Heldin und Erlöster, alter Weiser und weise Alte sein, kurz, beide dürfen der Ganzheit ihres Wesens Ausdruck verleihen. Sie erfahren ihre Individualität, ihre psychische Unteilbarkeit.

Erst auf dieser Ebene kann der jahrtausende alte „Kampf der Geschlechter" überwunden werden, weil sich nicht mehr primär eine „Frau" und ein „Mann" gegenüberstehen, zwischen denen ein oft unüberbrückbar scheinender Abgrund des Nichtverstehens klafft, sondern zwei Menschen, die beide, jeweils ihrer Eigenart gemäß, „.Weibliches" und „Männliches" in sich verbinden. Und erst auf dieser Ebene scheint freiheitliche Liebe und Bezogenheit möglich zu werden, denn beides kann sich nur dort entfalten, wo man selbst und der andere Mensch so sein darf, wie man ist.

Unter einem anderen, weiteren Gesichtspunkt wird die befreite Gefangene schließlich zu einem Symbol der Befreiung unserer schöpferischen Kraft.[30] Wenn Männliches und Weibliches im Menschen zusammenwirken, entsteht das Kind als Symbol des Neuen.

Die unbekannte Frau steht nicht nur in den Träumen der Männer, sondern auch in denen der Frauen häufig für die Weisheit und schöpferische Fülle der unbewussten Seele. Sie ist eine Art Mittlerin zwischen unserem mehr „männlich" orientierten Bewusstsein mit seiner Neigung zum Rationalisieren und Systematisieren und unseren mehr „weiblich" gefärbten unbewussten Selbstanteilen mit ihrer Neigung zum Emotionalisieren und Integrieren.

Wie notwendig für den schöpferischen Prozess die Beziehung zum „weiblichen Prinzip" ist, bestätigt interessanterweise die moderne Kreativitätsforschung. Sie hat herausgefunden, dass kreative Persönlichkeiten Einstellungen und Interessen aufweisen, die in unserer Gesellschaft eher als „feminin" beschrieben werden. Kreative gleichen in vielerlei Hinsicht eher den Frauen in unserer Gesellschaft als dem durchschnittlichen Mann. Nach all dem, was wir über die Angst des Mannes vor dem „Weiblichen" wissen – sein destruktiver Umgang mit seinen Gefühlen, seinem Körper, seinen Mitmenschen –, wundert uns dieses Ergebnis nicht. Ohne Frage bedeutet die Abspaltung des „Weiblichen" im durchschnittlichen Mann eine Zerstörung seiner schöpferischen Lebensmöglichkeiten.

Auf der höchsten Ebene wird also der Weg des Helden zum schöpferischen Weg des Menschen durch sein Leben. In immer neuen „Drachen-Kämpfen", in immer neuen „Stirb-und-Werde-Vorgängen" und durch immer wieder neu vollzogene Vereinigungsakte mit dem weiblichen Prinzip arbeitet er an der Aufgabe, der Ganzheit seiner menschlichen Existenz Ausdruck zu verleihen.

Auch der Schatz, der im Mythos vom Helden gewonnen wird, weist auf diesen Ganzheitszustand hin. Meist handelt es sich dabei um sehr wertvolle, „schwer erreichbare Kostbarkeiten", wie Jung sie zusammenfassend genannt hat: Gilgamesch macht sich auf die Suche nach dem Kraut der Unsterblichkeit, Herakles stiehlt die goldenen Äpfel der Hesperiden, Siegfried erobert den Nibelungenschatz. Psychologisch gesehen, stellt die geeinte Persönlichkeit, die Identität mit sich und seinem Wesen, diese sehr schwer erreichbare Kostbarkeit und diesen höchsten Wert für den Menschen dar.

Die hier gemeinte Ganzheit ist allerdings, um Missverständnissen vorzubeugen, eine persönliche, individuelle Ganzheit, ein gelegentlich erlebtes Gefühl des „Ganz-mit-sich-selbst-eins-Seins", sie ist keine allgemeinmenschliche Vollkommenheit. Jeder Mensch kann nur einen sehr beschränkten Anteil des Menschenmöglichen verwirklichen, nämlich den ihm gemäßen und entsprechenden. Jede Vorstellung oder jedes Ideal einer überindividuellen, übermenschlichen und umfassenden Vollständigkeit oder Vollkommenheit ist für die individuelle Selbstverwirklichung dagegen eher eine hinderliche Belastung, wenn nicht sogar eine große Gefährdung.

Bei der individuellen Ganzheit erfährt man eine Einheit, in der die früher als unvereinbar empfundenen Seiten der Persönlichkeit, die verschiedenen konträren Bedürfnisse, Gefühle und Gedanken, als zusammengehörend bejaht werden können. Sie sind, um eine bekannte Allegorie zu gebrauchen, wie die funkelnden, lebendigen Farben eines Diamanten. Wenn wir einen Diamanten um so höher schätzen, je reiner er ist, je besser sein Schliff, je vielfältiger seine Facetten und je mehr er das Sonnenlicht in einen lebendigen, funkelnden Feuerzauber verwandeln kann, warum schätzen wir das dann nicht auch bei unserer Persönlichkeit? Die Realisierung des Selbst ist kein einfarbiger, monotoner Zustand, sondern das dynamische, funkelnde Wechselspiel der verschiedensten Facetten unseres Wesens, durch die sich das Licht des Lebens in uns offenbart.

Im Traum einer Frau wird diese Vereinigung des scheinbar Gegensätzlichen in schöner, zeitloser und allgemeingültiger Weise dargestellt:

Ich baue ein Haus. Es ist quadratisch, schwarz, nicht sehr groß, ich kann es hin und her bewegen. Dann kommt ein Mann hinzu. Wir versuchen gemeinsam, einen Aufbau zu errichten. Dieser hat zunächst die Form eines Obelisken, und wir schaffen es nicht, ihn so zu befestigen, dass er ohne Schwankungen ruhig stehen bleibt. Dann verändert sich seine Form, er wird unten breiter, wird zur Pyramide. Ich weiß plötzlich, dass ich mein Haus in die Erde versenken muss, wenn der Aufbau sicher stehen und fest mit dem Haus verbunden sein soll. Das Haus sinkt etwas in die Erde, und ich bin erleichtert. Zusammen mit dem Mann versuche ich dann, die Pyramide aufzustellen. Wir schauen uns an, gehen aufeinander zu und nehmen uns in die Arme. Als wir dann zur Pyramide schauen, steht sie fest. Sie ist jetzt wieder etwas schlanker und höher, reckt sich gen Himmel, sie ist durchsichtig, das Licht der Sonne bricht sich in ihr.

Das Quadrat und die mit ihm verbundene Vierzahl werden seit alten Zeiten mit dem weiblichen Prinzip verbunden. In diesem Traum wird das noch verstärkt durch die Farbe der Nacht, das Schwarz, und die Verbindung zur Erde. Der Traum scheint darauf hinzuweisen, dass die Träumerin das Haus ihrer Persönlichkeit und weiblichen Identität fest mit der Erde verankern muss, damit es ihr möglich ist, das „Männliche" in ihr in Form des phallischen Obelisken oder der gen Himmel strebenden Pyramide fest und sicher aufzubauen. Wie diese Vereinigung des Weiblichen mit dem Männlichen gelingt, wird ganz deutlich gezeigt, nämlich durch die liebende Umarmung. Es gibt wohl kaum ein schöneres, einfacheres und elementareres Symbol für das, worin sich der beschwerliche Weg des Helden erfüllt, und für das, wofür es sich lohnt zu leben.

Abb. 23: Venus und Mars als Liebespaar (Tizian, um 1530, Kunsthistorisches Museum, Wien).

Quintessenz
Leitlinien für ein heroisches Leben

- **Dies über alles: Sei dir selbst treu!**

  „Dies über alles: sei dir selber treu, und daraus folgt, so wie die Nacht dem Tage, du kannst nicht falsch sein gegen irgendwen" (Shakespeare). Lebe natürlich, echt, authentisch. Habe den Mut zu sein, der du wirklich bist. Du kannst nur aus dem heraus leben, der du wirklich bist. Sei dein eigener Maßstab. Versuche nicht jemand anderes zu sein, versuche nicht zu sein, wie „man sollte" oder wie „man müsste". Einen Menschen wie dich gibt es kein zweites Mal auf dieser Erde. Deine besondere Eigenart und Einzigartigkeit ist das Kostbarste, das du besitzt.

  Vertraue darauf, dass du dann am glücklichsten bist, dann am ehesten das erreichst, wonach du dich am meisten sehnst und dann am meisten von den anderen Menschen gemocht und respektiert wirst, wenn du ganz einfach du selbst bist.

  Gib deinen wahren Gefühlen, Impulsen, Bedürfnissen spontanen Ausdruck, berücksichtige dabei aber die Bereitschaft und Fähigkeit deines Umfeldes, darauf gut zu reagieren. Sei aufrichtig, natürlich, verletzlich, zeige dich auch in deinen Fehlern und Schwächen. Ein sicherer Mensch ist ein toter Mensch.

- **Erkenne dich selbst!**

  Lerne dich in deiner Ganzheit kennen, so wir du wirklich bist. Mach dich vertraut mit dir selbst und deiner Wahrheit. Tu das nicht aus einem Pflichtgefühl heraus, sondern aus Freude und Neugier an dem unbekannten Wesen, das du bist. Das geht aber nur, wenn du dich grundsätzlich annimmst und dich frei machst von Selbstvorwürfen und destruktiver Selbstkritik. Das wenigste was du bist und was in dir ist, hast du selbst bewusst und absichtlich erzeugt, das meiste ist Ausdruck unbekannter genetischer Faktoren und unbewusster Lernprozesse, die sich fortwährend selbst überwiegend unbewusst regulieren, verändern und entfalten. Beobachte mit wohlwollender Achtsamkeit deine inneren Vorgänge, deine Gefühle, dein Motive, deine Bedürfnisse und frage dich immer wieder: „Wer bin ich eigentlich wirklich? Was fühle ich eigentlich wirklich? Was will ich eigentlich wirklich?"

- **Liebe und tu' was du willst!**
Dieses Wort von Augustinus meint zunächst, dass du bei deinen Entscheidungen und Handlungen das Wohlergehen, die Freiheit und Würde deiner Mitmenschen und Mitlebewesen berücksichtigen sollst.

Wenn du wirkliche Liebe in dir spürst, (Liebe zur Schöpfung, Liebe zum Leben, Liebe zu dir, Liebe zu anderen Menschen, Liebe zu deiner eigentlichen Aufgabe), hast du alle Freiheit, dein Wesen zu einer dir gemäßen Entfaltung zu bringen. Gehe also deinen Weg mit Herz, folge deiner inneren Stimme begegne anderen Menschen mit Güte und Wohlwollen. Deine Freiheit wird nur durch die Freiheit der anderen Menschen beschränkt.

Finde heraus, was dir leicht fällt, was dir Freude macht und was deiner natürlichen Begabung entspricht. Jeder Mensch hat eine Fähigkeit, ein Talent, mit der er sich und anderen Menschen das Leben schöner machen kann. Kennst du Tätigkeiten, bei denen du mit „Leib und Seele" beteiligt bist und bei denen es dir leicht fällt, so versunken zu sein, dass du dich dabei selbst vergisst?

„Love it or leave it" lautet ein amerikanische Maxime. Wenn du deine Arbeit ohne Begeisterung machst und du sie nicht magst, ist es für alle Beteiligten besser, wenn du damit aufhörst. Dein Leben ist zu kostbar, um es mit einer Sache zu verbringen, die du nicht liebst.

Wenn du nicht weißt, was du wirklich willst, dann mache es zu deiner wichtigsten Aufgabe, es herauszufinden. Frage dich beispielsweise, was du tätest, wenn du gesund wärst, alle Zeit der Welt hättest, wenn du unbegrenzte finanzielle Möglichkeiten hättest, du tatsächlich frei wählen könntest. Welche Art von Leben würdest du führen wollen, an welcher Aufgabe würdest du arbeiten?

Übe deine Fähigkeit zu unterscheiden, was du willst und was du nicht willst, auch bei kleinen Dingen. Halte während des Tages immer wieder einmal inne und frage dich, was du jetzt wirklich willst und ob das, was du jetzt tust, für dich richtig ist und „stimmt". Dein Körper, dein Bauch, dein Herz werden es dir wahrscheinlich sehr deutlich sagen. Bringe den empfangenen Willensimpuls dann auch deutlich zum Ausdruck.

Habe Mut, eine Entscheidung auch aufzuschieben und zu überschlafen, wenn du nicht genau spürst, was du willst oder wenn Du nicht weißt, ob deine Entscheidung gut ist. Du brauchst dich für deine Entscheidungen nicht zu rechtfertigen. Es reicht aus, dass du es so willst.

Vor allem aber: *Tue* auch, was du willst. Denke nicht nur, fantasiere nicht nur, sondern *tue* es auch. Setze deine Ideen baldmöglichst in konkrete Handlungen um und lerne dann aus deinen Erfahrungen.

- **Sei deines eigenen Glückes Schmied!**
Übernimm Verantwortung für dich und dein Leben. Dein Leben ist ganz allein dein Leben. Dein Leben ist ganz allein deine Aufgabe. Es ist vielleicht deine einzige Chance. Niemand kann dein Leben für dich leben. Kein Mensch kann das tun, was gerade du in dieser Situation, in die du hineingestellt

bist, tun kannst. Lerne von anderen Menschen, so viel du kannst, aber erwarte nicht, dass dein Leben irgend ein anderer für dich leben kann oder dir sagen kann, wie du es leben sollst. Niemand kann es besser fühlen oder wissen als du selbst.

Delegiere die Verantwortung für Dein Lebensschicksal nicht an die Vergangenheit, die Sterne, deine Kindheit, die Eltern, die schwierigen Umstände, die Mitmenschen, irgendwelche äußeren oder inneren Autoritäten. Mit wenigen Ausnahmen: Niemand anderer ist „Schuld" daran, dass es dir heute nicht so geht, wie du es gerne möchtest.

Auch wenn es dir nicht so erscheinen mag: Das meiste, das du heute bist und dir heute begegnet, ist das Resultat deiner eigenen mehr oder weniger bewusst getroffenen Entscheidungen. Du hast dich möglicherweise nicht besser entschieden, weil du den Preis der Anstrengung, des Mutes, der Auseinandersetzung, des Lernens nicht bezahlen und lieber den einfacheren, bequemeren Weg gehen wolltest. Aber immer noch hast du jetzt – und nur du selbst – die Möglichkeit, dein Leben besser zu gestalten.

- **Was du säst, das wirst du ernten!**
  Übernimm auch Verantwortung für deine Gedanken und Gefühle, Worte und Handlungen. Auch wenn das nur in bescheidenem Ausmaße möglich ist: Versuche selbst zu entscheiden, mit welchen inneren Bildern und Vorstellungen du dein Leben verbringen willst und mit welchen Gedanken zu deine Zukunft aufbauen willst. Die Gedanken und Fantasien, die du häufig und wiederholt in dir trägst, beeinflussen deine Stimmungen und dein Verhalten. „Wer heute einen Gedanken sät, erntet morgen die Tat, übermorgen die Gewohnheit, danach den Charakter und endlich sein Schicksal" sagt Gottfried Keller. Nutze also die Chance, die in der Kraft deiner Vorstellungen ruht.

Denke konstruktiv, kreativ und optimistisch. Glaube an dich und deine Ziele, du brauchst dabei die Realität, so wie sie ist, nicht zu verleugnen, aber aus einer pessimistischen Einstellung heraus kommen selten positive Entwicklungen. „Der einzige Mist, auf dem nichts wächst, ist der Pessi-Mist" meinte Theodor Heuss.

Nimm das Gute, Schöne, Authentische, Lebendige, Kreative, das dir begegnet, wahr, bestätige es, bewundere es, und es wird immer mehr ein Teil deines Wesens und deiner inneren Realität. Wie innen so außen, wie außen so innen.

Was du säst, das wirst du ernten: Dieses Paulus-Wort gilt nicht nur für deine Gedanken, sondern auch für deine Taten. Deine Gedanken sind die Saat, deine Taten sind das Säen und das Pflegen des Ackers, der Rest wird durch die Weisheit der Natur und die innere Entwicklungslogik, die im Wesen der Sache liegt, getan. Dahinter steht das wichtige Gesetz von Ursache und Wirkung. Alles, was du heute bist, ist meist die konsequente Auswirkung dessen, was du früher gedacht und getan hast. Von daher ist es so wichtig, dir klar zu machen, welche Saat du im gegenwärtigen Augenblick für die Zukunft ausbringst.

- **Beginne jetzt!**
„Was immer du tun kannst oder erträumst zu können, beginne es. Kühnheit besitzt Genie, Macht und magische Kraft. Beginne es jetzt!" sagt Goethe. Selbstverwirklichung hat mit „wirken" zu tun: Wenn man etwas erreichen will, dann muss man danach fragen und sich dafür engagiert einsetzen.

Vermeide illusionäres Wunschdenken. Erwarte keine magischen Methoden und schnellen Wunder, z. B. dass du deine Ziele im Schlaf, durch Autosuggestion oder durch die Kraft der Hypnose erreichst. Alle diese Dinge können zusätzliche Hilfsmittel sein, aber kein erfolgreicher Mensch hat sich je allein darauf verlassen. Er musste sich das, was er wollte, nicht mühsam einsuggerieren, sondern seine Vision entsprang mit eigener Kraft aus der Mitte seines Herzens und seiner Sehnsucht.

Das, was wirklich hilft, ist die Wirklichkeit und das ganz konkrete, ausdauernde Lernen, Üben, Üben und nochmals Üben im Leben. „Übung macht den Meister" sagt das Sprichwort und: „Es ist noch kein Meister vom Himmel gefallen".

Erwarte nicht, dass du es leichter haben wirst als andere Menschen, die erfolgreich in ihrer Selbst- und Lebensverwirklichung geworden sind. Wenn es etwas gibt, dass alle bedeutenden Menschen gemeinsam haben, dann ist es ihre Bereitschaft, viel Energie und Beharrlichkeit - meist viel mehr als der Durchschnitt - für ihre Ziele einzusetzen und sich auch von vielen Rückschlägen nicht davon abbringen zu lassen.

Es gibt eine Erfolgslogik, die wir alle meist sehr gut kennen und die wir bei vielen Dingen, an denen uns wirklich gelegen ist, auch anwenden: Sich unentwegt und leidenschaftlich mit den Themen und Dingen auf alle möglichen Weisen beschäftigen, z. B. in dem wir über sie fantasieren, sie schriftlich fixieren und planen, Bücher, Videos und Audios nutzen, Schulen, Fortbildungsveranstaltungen und Seminare besuchen, uns an Vorbildern orientieren, mit Lehrern und Mentoren arbeiten, mit Partner, Freunden und anderen Menschen über unsere Projekte und Ziele sprechen. Es ist alles weniger eine Frage einer speziellen Technik, sondern eine Frage der inneren Motivation und des Einsatzes, den wir bereit sind zu bringen.

Nur durch Ausprobieren, Experimentieren und Handeln kommt man zu Erfahrung und Einsicht. Nicht lange diskutieren, sondern einfach tun, beobachten, was passiert und bereit sein, aus Versuch und Irrtum lernen.

- **Wage mutig das Neue!**
Riskiere das Neue, Ungewohnte, denn auch dein dauernd sich wandelndes Selbst ist immer neu und anders. Alles fließt. Leben ist Bewegung und Veränderung, von Sekunde zu Sekunde.

Versuche immer wieder einmal spontan aus der Situation heraus zu handeln, indem du dich von deinen inneren Impulsen leiten lässt.

Wage es, unvertraute Situationen auszuprobieren, mit dir zu experimentieren, dich anders als üblich und erwartet zu verhalten.

Lerne Angst, Unsicherheit, Hilflosigkeit und auch Einsamkeit auszuhalten. Genieße die abenteuerliche Angst-Lust. Das Leben ist kurz und es ist nicht sicher, ob du noch einmal die Chance zu einer gleichen Erfahrung haben wirst. Nichts verändert sich, außer du tust es.

Kalkuliere Irrtümer, Fehler, Kritik, Rückschläge, Widerstände, Auseinandersetzungen als unvermeidbare Lernerfahrungen mit ein. Wer nicht wagt zu irren, der kann auch nichts lernen.

Übe dich darin, konstruktiv aggressiv (im Sinne von aggredi=lat. heran schreiten, angreifen) zu sein, um dich selbst behaupten und destruktive Aggression anderer abwehren zu können und deine Wünsche und Ziele nachdrücklich voranzubringen. Streiten trennt nicht nur, sondern kann auch verbinden und überraschend neue Perspektiven eröffnen.

- **Bemühe dich um Integrität und innere Stärke!**
Bemühe dich um Aufrichtigkeit, Zuverlässigkeit, Loyalität, Toleranz, Gelassenheit und Humor.

Genieße es, ritterlich, fair, großzügig, verzeihend und gütig mit anderen Menschen umzugehen. Genieße es, überwiegend ein guter Mensch zu sein, auch wenn du natürlich deine Schattenseiten hast.

Übe Zielstrebigkeit, Ausdauer, Geduld und Beharrlichkeit und lerne, Widerstände, Ängste, Frustrationen, Spannungen und Konflikte auszuhalten. Probleme und Widerstände sind natürliche Ereignisse des Lebens, nimm sie als eine interessante Herausforderung, als Chance zum Lernen und Wachsen, als Möglichkeit, etwas Neues zu erfahren.

Tue immer wieder einmal Dinge, die du am liebsten aufschieben würdest oder zu denen du gerade keine Lust hast. Diskutiere nicht lange innerlich mit dir, sondern tue es einfach. Sag: „Ich will!" Freue dich, wenn du einen kleinen Sieg über deine inneren Widerstände und deine Trägheit gewonnen hast.

Das Heros-Prinzip im Überblick

- **Aspekte**
  Tatkraft, zielgerichtete, zukunftsorientierte Aktion, Aktivität, Handlung; Impuls, Energie, Kraft, Stärke, Leidenschaft; Eroberung, Macht, Dominanz; Individualität, Autonomie, Freiheit, Selbstverantwortung; Initiative, Leistung, Erfolg, Wille, Zielorientiertheit, Disziplin, Konzentration, Beharrlichkeit; Lernen, Übung, Training; Neugier, Angstüberwindung, Mut; Trennung, Unterscheidung, Auseinandersetzung; Wettkampf, Rivalität, Angriff, Aggression, Kampf, Siegeswillen, die große Suche, das große Abenteuer; Eingriff, Operation

- **Symbole**
  Pfeil nach rechts oben, Sich-Aufrichtendes, Eindringendes, Vorantreibendes, Ausdehnendes; Phallus; das aufstrahlende Licht, die aufsteigende Sonne; Feuer, Explosion, (Atom-) Bombe; Werkzeuge, Waffen (insbesondere Messer, Schwert, Pfeil und Bogen, Pistole und Gewehr), Maschinen; Adler, Löwe, Raubtiere; Suche, Weg, Wanderung, Reise; Fahrzeuge (insbesondere Auto), Schiffe, Flugzeuge, Raketen; Hindernis, Widersacher, Kampf (Drachenkampf), Schlacht; Sieg, Hebung des Schatzes, Befreiung der Gefangenen

- **Literarische Gestaltungen**
  Ares/Mars, Athene, Artemis/Diana, Amazone, Herakles, Odysseus, König Arthur und die Ritter der Tafelrunde, Siegfried, Jeanne D'Arc, Parzifal, Superman, Badman, James Bond

- **Spirituelle Aspekte**
  Schöpferische Tat; der Kampf für das Wahre, Gute und Schöne, die Freiheit, Gerechtigkeit, Menschlichkeit; Flow –

Im Tun aufgehen und sich selbst vergessen; den Tod wagen und neu geboren werden

- **Beziehungsformen**
  Führer-Geführte, Freund/Gegner, Begleiter, Beschützer, Trainer

- **Berufsfelder**
  Trainer, Couch, Manager, Sportler, Mechaniker, Techniker, Ingenieure, Handwerker, Militär, Polizei, Jäger, Abenteurer, Entdecker, Pioniere, Weltenbummler

- **Schattenseiten**
  Egozentrismus, Machtmissbrauch, Zwang, Gewalttätigkeit, blinder Aktionismus, Zerstörungslust, Vergewaltigung, Missbrauch des Körpers, Zwang zur „Dauerpotenz", Willens-, Arbeits,- Leistungs- und Erfolgssucht, Größenwahn, Panzerung, Abwehr von Regression und Unbewusstem, von „weichen" Gefühlen und Beziehungsaspekten, Dickköpfigkeit, Herrschsucht, Rechthaberei, Rachsucht, Streitsucht, Alkoholismus, zwanghafte, schizoide und paranoide Elemente, Soziopathie

- **Konflikte**
  » Aktivität versus Passivität
  » Neu versus alt
  » Erkunden versus absichern
  » Individualität versus: Natur, Gesellschaft, Normen, andere Menschen
  » Autonomie versus Beziehung
  » Kontrolle versus Hingabe
  » Distanz versus Nähe
  » Freiheit versus Bindung

» Differenzierung, Abgrenzung versus Vereinigung,
Integration

• **Verhaltensweisen, Lernziele und Methoden**
» Aufrichten, Vordringen, Eindringen
» Kooperation auf ein gemeinsames Ziel hin
» Ich-stützend, progressiv, aktivierend, motivierend,
ermutigend, herausfordernd, realitätsbezogen
» Anerkennung, Bestätigung, Verstärkung
» Kontrolle, Korrektur, Konfrontation, Bestrafung
» Konfrontation mit problematischen Einstellungen
und Verhaltensweisen
» Lernen, experimentieren, probieren, trainieren, handeln
in Fantasie und Realität
» Informationen und Erklärungen von Zusammenhängen
vermitteln, Rat geben
» Ermutigung zur Neugier, Experimentierlust, Risikobereit-
schaft, Angstüberwindung
» Aufbau konstruktiver Bewältigungsmechanismen
» Einüben von Autonomie, Selbstsicherheit, Selbstvertrauen,
Selbstverantwortung, konstruktive Aggression
» Lernen, Konflikte, Rivalität, Aggression und Feindseligkeit
auszuhalten
» Einüben des Willens, von konstruktiver Disziplin, Selbst-
kontrolle, Selbstmanagement

• **Selbsterfahrungs- und Therapieformen**
Verhaltens-, lern- und übungs- und zielorientierte Verfahren,
aber auch bestimmte Formen analytischer Therapie, in denen
eine Ich-Stützung und Verbesserung der Realitätsfunktion des
Klienten angestrebt werden; pädagogische Methoden, Training, Couching, Motivationstraining, Management, NLP

Anmerkungen

1. Schiller: Suchst Du das Höchste
2. Jung, Symbole der Wandlung, 1972, S. 553
3. Jung, Zur Psychologie des Kind-Archetyps, S. 289
4. Schwab, S. 113f.
5. Die Heilige Schrift, Mose 7-17
6. Stern, Heft 36, 1986
7. Fischer, 1978, S. 84
8. Stemme, 1986, S. 20
9. Die Heilige Schrift, Matthäus 10, 34
10. Die Heilige Schrift, Hiob 19, 29
11. Das Thema der Suche nach dem „wahren Willen" mit Hilfe der Wünsche wird sehr schön dargestellt in Michael Endes Buch „Die unendliche Geschichte". Eine tiefenpsychologische Interpretation davon findet sich in Müller, Lutz: Suche nach dem Zauberwort. Stuttgart, opus magnum, 2013 (überarbeitete Neuauflage)
12. Jaffé, A., Jung, C. G.: Erinnerungen, Gedanken, Träume von C. G. Jung. Rascher 1962, S. 358
13. Hamlet I,3. Das komplette Zitat lautet: „Dies über alles: sei dir selber treu, und daraus folgt, so wie die Nacht dem Tage, du kannst nicht falsch sein gegen irgendwen." Zit. nach Eckart Hans, Grunow, Alfred: Führende Worte Bd. 2. 1963, S. 52
14. Müller, 2012, S. 121 ff.
15. Fischer, 1978, S. 83
16. Gilgamesch-Epos, 1984
17. Alfred Adler hat von den Tiefenpsychologen wohl als erster auf die enge Beziehung zwischen Ohnmacht und Allmacht hingewiesen. Er sah das Macht und Geltungsstreben des Menschen als seinen Versuch an, Minderwertigkeitsgefühle auszugleichen. In der neueren Narzissmus-Psychologie hat man diese Zusammenhänge weiter erkundet und differenziert. Immer weniger steht

die Schwierigkeit des Menschen, mit seinen Trieben umzugehen, im Blickfeld, und immer mehr achtet man auf jene Ein-
schränkungen, Verwundungen und Demütigungen, die dem
Kind in seinem Selbstwertgefühl widerfahren. Über die Beziehungen zwischen Heroismus und Narzissmus vgl. auch Schmidbauer, 1981

18. Miller, 1980
19. Vgl. dazu besonders: Guggenbühl-Craig, 1983; Miller, 1979;
    Richter, 1976; und Schmidbauer, 1977
20. Schmidbauer, 1977
21. Beheim-Schwarzbach, 1973, S. 86
22. Jung, Zur Psychologie westlicher und östlicher Religion, 1971,
    140
23. Fischer, 1978, S. 86f.
24. Grimal, 1967, Bd. 1, S. 104
25. Ranke-Graves, von, 1960, Bd. 1, S. 118
26. Jung, Briefe 1, 1981, Brief vom 1. 2. 1945 an K. Mann, S. 442
27. Fischer, 1978, S. 88f.
28. Eine ausführliche Darstellung des Bios- und Eros-Prinzips findet
    sich in Müller: Lebe Dein Bestes. Düsseldorf: Walter, überarbei-
    tete und erweiterte Neuauflage Stuttgart: opus magnum 2013
29. Vgl. dazu Meulenbeit, 1984, und vertiefend: Chodorow, 1985,
    und Dinnerstein, 1979
30. E. Neumann hat Grundlegendes gerade auch über die Bezie-
    hung des schöpferischen Menschen zum Weiblichen dargestellt
    in: Neumann, 1959 und 1980

Literatur

Beheim-Schwarzbach, M.: Rittersagen, Wien 1973

Campbell, J.: Der Heros in tausend Gestalten, Frankfurt/M. 1978

Chodorow, N.: Das Erbe der Mütter, Psychoanalyse und Soziologie der Geschlechter, München 1985

Clarus, I.: Ödipus und Odysseus, Öffingen 1986

Dinnerstein, D.: Das Arrangement der Geschlechter, Stuttgart 1979

Fischer, H.: Götter und Helden, Eltville 1978

Frobenius, L.: Das Zeitalter des Sonnengottes, Berlin 1904 Gilgamesch-Epos, übersetzt von A. Schott, Stuttgart 1984

Grimal, P. (Hrsg.): Mythen der Völker, Band 1, Frankfurt/M.1967

Guggenbühl-Craig, A.: Macht als Gefahr beim Helfer, Basel 1983

Jung, C. G.: Symbole der Wandlung, Ges. Werke 5, Olten 1972

Jung, C. G.: Zur Psychologie des Kind-Archetyps, Ges. Werke 9/1, Olten 1976

Jung, C. G.: Zur Psychologie westlicher und östlicher Religion, Ges. Werke 11, Olten 1971

Jung, C. G.: Briefe 1, Olten 1972 f.

Meulenbelt, A.: Wie Schalen einer Zwiebel oder Wie wir zu Frauen und Männern gemacht werden, München 1984

Miller, A.: Das Drama des begabten Kindes, Frankfurt/M, 1979

Miller, A.: Am Anfang war Erziehung, Frankfurt/IM 1980

Müller, L.: Lebe Dein Bestes. Stuttgart 2013

Müller, L.: Suche nach dem Zauberwort. Stuttgart 2013

Müller, L.: Trotzdem ist die Welt ein Rosengarten. Stuttgart 2012

Neumann, E.: Ursprungsgeschichte des Bewusstseins, Zürich 1949

Neumann, E.: Der schöpferische Mensch, Zürich 1959

Neumann, E.: Zur Psychologie des Weiblichen, München 1980

Rank, 0.: Der Mythus von der Geburt des Helden, Wien 1909

Ranke-Graves, R. von: Griechische Mythologie, Bd. 1 und 2, Reinbek 1960

Richter, H. E.: Flüchten oder Standhalten, Reinbek 1976

Schmidbauer, W.: Die hilflosen Helfer, Reinbek 1977

Schmidbauer, W.: Die Ohnmacht des Helden. Unser alltäglicher Narzissmus, Reinbek 1981

Schwab, G.: Die schönsten Sagen des klassischen Altertums, Gütersloh, 1960

Stemme: Was wir alle von Boris und seinen Siegen lernen können, Zeitschrift Funk-Uhr, Hamburg, Heft 31/86, S. 20

Wilber, K.: Halbzeit der Evolution, München 1984

Weitere Bücher von Lutz Müller

Müller, Lutz: *Lebe Dein Bestes. Die Quintessenz der Lebenskunst und Selbst-Verwirklichung.* Stuttgart: opus-magnum

Müller, Lutz: *Magie - Symbolik der Hermetik und der Geheimwissenschaften.* Stuttgart: opus-magnum

Müller, Lutz: *Des Kaisers neue Kleider - Sich mit dem eigenen Schatten anfreunden und zum wahren Selbst finden.* Stuttgart: opus-magnum

Müller, Lutz: *Das tapfere Schneiderlein - Lebenskunst mit Geist und Witz.* Stuttgart: opus-magnum

Müller, Lutz: *Suche nach dem Zauberwort - Der Weg der Selbst-Verwirklichung.* Dargestellt am Beispiel der „Unendlichen Geschichte" von Michael Ende. Stuttgart: opus-magnum

Müller, Lutz: *Trotzdem ist die Welt ein Rosengarten. Zum Glück des Seins erwachen und das Wunder des Lebens feiern.* Stuttgart: opus-magnum

Müller, Lutz: Müller, Anette (Hrsg.): *Ein Stern kommt auf die Erde - Die spirituelle Symbolik von Weihnachten.* Stuttgart: opus-magnum

Müller, Lutz; Müller, Anette (Hrsg.): *Wörterbuch der Analytischen Psychologie.* Düsseldorf: Walter 2003, 2007. Unter Mitarbeit von 60 renommierten Autoren der Analytischen Psychologie. Neuherausgabe und Online-Fassung geplant.

Müller, Lutz; Müller Anette (Hrsg.): ***Wörterbuch der tiefenpsychologischen Symbolik.*** Existiert bisher nur in einer Online-Fassung: www.symbolonline.de

Alle Bücher können nach Erscheinen über www.opus-magnum.de oder www.amazon.de eingesehen werden.